MAMA

Celia Ledoux

MAMA

Uitgeverij
VRIJDAG

Sint-Elisabethstraat 38a – 2060 Antwerpen
www.uitgeverijvrijdag.be

Omslagontwerp: Mulder van Meurs, Amsterdam
Foto's omslag: Bob Van Mol
Vormgeving: theSWitch, Antwerpen
Cartoons: Marc Geerdink-Schaftenaar

NUR 320
ISBN 978 94 6001 106 1
D/2011/11.676/104

Voor Gloria en Guy,
die me met vereende krachten mama maakten

Inhoud

Inleiding (no pun intended)

Op een dag was ik zwanger en zocht, zoals voor elke gebeurtenis in mijn leven, inspiratie in boeken. Ik besefte dat de markt keuze bood tussen een paar genres. Ten eerste was er de 'kijk mij nu!'-fluff. Daarin maakten vrouwen zich vrolijk over hun leven, dat zich plots tot babyvoeren, vlekkige truien en kindergebrabbel beperkte. Haha, wat een grap. Mama zijn werd als een lollige, minderwaardige levensepisode beschreven, een modekleur om een seizoentje uit te proberen. Ten tweede waren er de regel-, wegwijs- en voorschrijfboeken. Ze leken geschreven door bazige tantes en internaatsleraressen, dreigden dat je baby tiranniek werd zonder dril, en dat hun methode heerlijke hummeltjes kweekte. Hoewel ik heel even hun ideeën overwoog, kraamden ze gewoon baarlijke nonsens uit. Ten derde waren er de wetenschappelijke werken. Die hadden fundamenten, maar waren pittig om te doorploegen op vier uur slaap met een minibaby op de arm. Hun verspreiding was ook heel beperkt. Wetenschappers wisten dus waarop baby's en ouders gedijden, maar vertelden dat alleen aan elkaar.

Waarom deden al die boeken alsof baby's grootbrengen speelde in een ouderwets parallel universum waarin moeders plichtsbewust waren, baby's '(b)engeltjes' en vaders jaloerse grote lomperds? Ik dééd andere dingen, maar was gewoon mezelf gebleven, en om me heen leek het ook al niet op de jaren 1950. Waar vond ik een boek dat leesbaar, realistisch, rustig en zonder oordeel perspectief bood in deze onbekende werkelijkheid?

Ik besloot zelf een boek te schrijven. Een boek waarin ik eerlijk zou zijn over hoe goed of slecht ik me voelde in de ups en downs – en hóe up of down die waren – maar dat moeders en vaders ook reden gaf om trots te zijn in hun rol, dat hen naar waarde schatte. Een boek dat leesbaar en grappig was, zelfs na slapeloze nachten, maar dat ook bodem had. Een boek dat houvast gaf waar het kon, maar toegaf dat je vaak de boel moet uitzitten en dat acceptatie je beste vriend kan zijn. Dat een paar marketingleugens doorprikte, ouders meegaf wat hun kind kon goeddoen, maar hun de wet niet voorschreef. Een boek dat als enige agenda had om het ouders en baby's zo simpel en prettig mogelijk te maken. Doodgewoon, een boek gemaakt voor ouders.

Het is natuurlijk een heksentaak om dat allemaal netjes en respectvol aan te pakken, en ik zal vast hier en daar al schrijvende zijn uitgegleden. Net zoals ik als moeder meestal weet hoe ik de boel wil aanpakken, maar daar soms ernstig in faal. Ik ben in dit boek bij momenten bewust met de billen bloot gegaan. Er worden al genoeg boeken door 'superouders' geschreven. Bovendien hoort bij een geschakeerde werkelijkheid die babyroze noch baarlijke hel is ook een moeder die een gewoon denkend mens is.

Dit is geen volledig boek. Nu had ik niet de bedoeling om een 'bijbel' te schrijven, maar sommige lacunes zijn vrij groot. Op thema's als prematuriteit, rouw, handicaps, ziekte of keizersnedes ga ik weinig in. Het was kiezen tussen schrijven over onbekende thema's of eerlijk toegeven dat mijn kennis te klein is. Het tweede leek me verstandiger. En ik denk dat elke ouder nog meer dan genoeg zal herkennen.

Ik laat een duidelijke mening horen. Dat ontneemt de mening van anderen geen bestaansrecht. Sterker nog: ik geloof steeds meer dat een 'goede' ouder, op een paar biologische imperatieven na, niet anders kan dan zijn eigen liefdevolle pad volgen. Elke relatie is een dialoog, en dat geldt ook voor die met je baby. Een regeltjesboek raadt je aan om die persoonlijke, kwetsbare uitwisseling te vervangen door plompe wetten. Als trainen onprettig voelt, lees je dit boek misschien met opluchting.

Ten slotte geef ik toe dat ik pleit voor jezelf informeren, maar ook voor het je zo gemakkelijk mogelijk maken. Luiheid en eenvoud zijn een groot goed in zwangerschap, bevallen of kinderzorg. Negen maanden zwanger zijn, een prettige bevalling hebben en een baby zoveel bescherming, voedingen of aanraking meegeven als die nodig heeft en verlangt: dat is zó moeilijk genoeg. Alles en iedereen wat die drie stadia compliceert, verhoogt het risico dat je aan de essentie voorbijgaat: de geestelijke, lichamelijke en emotionele gezondheid van ouders en kind.

Het simpel houden en trouw blijven aan jezelf, dat houdt je gelukkig als gezin. Ik draag nog steeds mijn hakken, weiger mijn haar in een 'handige' coupe te laten knippen en lees mijn dochter grijnzend uit hoogdravende boeken voor. Ik geloof dat je moeder, vrouw, en jezelf kan zijn in één. En als ik daarnaast ook nog wat slaap kan vangen, is het leven met een baby best mooi.

Dank

Ik dank Guy om me naast vrouw, zowel schrijfster als moeder te helpen zijn en omdat hij een echte, betrokken, zorgende vader is.

Ik dank mijn dochter Gloria omdat ze me soms liet schrijven tijdens haar tukjes en haar slapende buikje als laptopsteun liet gebruiken, voor de tonnen inspiratie en de massa's fijne momenten die een mens de babytijd laten appreciëren.

Ik dank Cathérine Ongenae, die mijn (bijna-)ouderlijke anekdotes amusant genoeg vond om er een nog lopende, wekelijkse column in *De Morgen* voor vrij te maken, de basis waaruit dit boek groeide. Dank aan de lezers van die column, die me in hun al dan niet ouderlijk enthousiasme en hun bedenkingen lieten delen.

Dank aan Jan Vanhoyweghen, die me Uitgeverij Vrijdag aanraadde.

Dank aan Gabriëlle Jurriaans en Kristel Peyskens voor hun gevoelige blik. Aan Veerle Ausloos, Nathalie Siccard, Mathilde de Jong en Barbara Wilbrink voor het inkijkje in hun leven. Aan Cécile Olieslaeger, Ann Hellemans, Ann Suetens, Michelle ten Berge, Sheri Jahner en Björn Ledegen om hun raad en zachte hulp, die keerpunten en redding in de zorg voor onze dochter brachten. Dank ook aan Bieke Purnelle en Sue Gerhardt voor het delen van gelijkaardige expertise in dit boek.

Dank, ten slotte, aan alle moeders en vaders in mijn omgeving: voor inspiratie, hulp, informatie, pittige gesprekken, solidariteit en vriendschap.

DEEL 1
Zwanger

Zegt de ene hoogzwangere tegen de andere:
'heb jij ook zo'n opgeblazen gevoel?'
[*lachen, behalve als je hoogzwanger bent*]

Wat voorafging

Waarschijnlijk is de echte reden waarom mijn vrouw en ik kinderen hebben gekregen dezelfde als die van Napoleon om Rusland binnen te vallen: het leek zo'n goed idee.

Bill Cosby

Al heb ik er drie catalogi voor moeten doorpluizen, ons glammy Turks hotel rockt. De ochtend komen we door met, uitgeteld van het gourmetbuffet, naar zwaluwen boven het zwembad staren, 's middags lees ik aan de jachthaven terwijl the Man de shoppende fine fleur van Turkije ziet passeren, bezwijkend onder Ralph-Laurenzakken. 's Avonds kijk ik gelukzalig in zijn armen naar de eilanden in de verte – die we tot en met de laatste dag 'nog wel zullen bezoeken'. Kipgelukkig voel ik me, en apetrots dat een economy-budget een First Class-experience kan kopen.

Nochtans was er al onraad te ruiken. Elke avond wil the Man graag uit – en ik evengoed, om dan nog voor tienen in diepslaap te donderen middenin een oppeppende aflevering van *24* en Turkse zoetigheid. De tv loopt twee seizoenen voor op België en doet ons vadsigaards emigratie om mediaredenen overwegen. Elke ochtend probeer ik om halfacht de paradijselijke entente niet te verstoren door the Man even hard 'eteeeeenn!' toe te brullen als mijn maag dat doet met mij. Ik sluip uiteindelijk vroeger naar beneden en verzet dierlijk gulzig spek, eieren, stevige salades. Geen wonder dat die drie mysterieuze kilo's er niet af willen. Op een avond krijgen we toch ruzie in paradise. Ik tril na aan het avondbuffet en moet na de eerste ronde exotische salade misselijk naar het toilet rennen. Ik gooi het op emotie maar denk mononucleose, maagzweer, burn-out, en neem me voor thuis bloed te laten testen.

Maar wanneer ook op de terugreis de op gevoelige magen ontworpen vliegtuigmaaltijd projectielgebraakt wordt – netjes in een zakje en, zo verzekert the Man die nooit voor een eufemisme te vangen is, totaal onopgemerkt – duik ik met een smoes de vliegveldapotheek in en koop een zwangerschapstest. Die avond heeft the Man een vergadering. Ik blijf thuis met kat en test. We cirkelen met z'n drieën om elkaar heen. Ik peptalk mezelf erdoorheen. Die dingen geven altijd negatief en de volgende dag ben ik gegarandeerd ongesteld. Vijf minuten later staan er twee streepjes op de test. Twee? Tiens. Hebben ze tegenwoordig twee teststreepjes? Ik neem de handleiding erbij. Twee streepjes: zwanger. Ik heb vast fout gekeken. Ik kijk nog eens. Ik lees nog eens. *Oh god.*

De volgende ochtend neem ik the Man onder een lam voorwendsel – 'we zijn vier jaar en tweeënhalve maand samen, liefje!' – mee uit ontbijten. Hij trapt erin, en werkt opgewekt croissants naar binnen terwijl ik nerveus koffie bestel. Ho wacht, koffie. Mag dat wel als je zwanger bent? Ik wissel onopgemerkt naar thee en scharrel mijn moed bijeen. Aan de tafeltjes om ons heen gedraagt elk kind zich als de baarlijke baby-, peuter- of lagere-schoolduivel. Hij schuift me bijlage na bijlage van de zaterdagkrant toe, waarin ik leesblind blader. Met één donker oog op het strijdveld van tegengespartel en rood aangelopen geblèr zie ik mijn hele toekomst passeren.

Twee rampzalige uren verder duw ik hem de zwangerschapsstick in handen.

'Oh, dankjewel,' zegt hij ietwat beduusd. Ik begraaf mijn hoofd in de theemok, geïmponeerd door zijn stoïcijnse reactie. De seconden rekken zich terwijl ik wacht op verder, duidelijker commentaar. 'Zeg eens liefje... is het een nieuwe elektrische tandenborstel?'

Dat worden negen lange maanden.

Zwanger of een eetstoornis?

Eet dus goed. Ik bedoel daarmee voedsel. Vermijd al wat geen voedsel is, zoals bewaarmiddelen, chemische toevoegsels en alles wat de natuur niet heeft geproduceerd. Lees etiketten. Hetzelfde geldt voor wat je drinkt.

Ina May Gaskin, vroedvrouw

Ziek dat ik ben. De hele dag. En ik kan voor geen zak meer schrijven. Intussen roept de hele wereld dat ik strááł. Het creëren van nieuw leven, het prille besef van de eerste maanden. Alleluia!

Ik straal, lieffies, omdat op mijn hele lijf een dun laagje zweet parelt dankzij al dat kotsen. Ik zie er fantastisch uit omdat mijn borsten pijnlijk gezwollen staan terwijl ik afval; elke hap komt eruit. Dit moet de anatomische uitleg voor Lara Crofts graatmagere figuur met giga voorgevel zijn: het arme kind huppelde drie maanden zwanger door die graftombes. Zeeziek waggelend bedank ik voor de complimenten, wellicht alweer snoezig omdat ik op een zat zeehondenpuppy lijk. Technisch werkloos zit ik overdag naar Oprah te staren en probeer de gedachte aan eeuwige schrijfonbekwaamheid te bannen.

In week 8 feliciteert de dokter me nog: misselijke vrouwen hebben haast nooit miskramen. Via een hormonale oerreflex detecteert hun lichaam elk ongewenst of gevaarlijk voedsel. Ook de writer's block noemt hij normaal. 'De natuur vernauwt je aandacht tot de baby', zegt hij met zichtbaar leedvermaak. Ik sleep me fronsend naar huis toe. Is er naast 'mama' nog plaats voor mezelf?

Vier weken zeeziekte verder is het tijd voor de eerste echo. Bebe voelt zich kiplekker, ik iets minder. Vooral wanneer de dokter pas week tien vaststelt, ver van de magische twaalfwekenmisselijkheidsdrempel. De dokter kijkt nu zorgelijker, misschien omdat ik boos jank: ik ben het zat en het kind mag best *minder* blaken van gezondheid. Instorten kan nu niet, vindt hij. Nou nee. Maar alle homeopathie wil niet baten, en alle reguliers mag ik niet meer nemen.

Vanuit mijn oerperspectief ziet de wereld er anders uit. Elke lijfgeur is hinderlijk stinkend, parfum lijkt vergif. The Man wordt vóór een ochtendknuffel tot full-body-ontsmetting gedwongen. Zijn levensgezellin is tot een hoopje slap witlof verworden dat opkrullend in de sofa dvd's kijkt. Elke bus is een storm op zee, trein en metro lijken open riolen, restaurants en steden fabrieken vol bedorven voedsel. Vrienden geven goedmenend tips: gember, ginger ale, crackers, beschuit in bed. Ik word er nog zieker van en vermijd de vrienden. Hun parfums stinken me te veel.

Elke eerdere voedselvoorkeur is uitgewist. Mijn kleine dictator wil voedsel van onmogelijke versheid en specificiteit. Maar welk? In de supermarkt zoek ik wanhopig naar Bebe's – en dus mijn – mysterieuze goesting van de dag. Elk rek suggereert talloze smaakaanvallen tot ik kokhalzend naar buiten ren. Vind ik wel een geschikt voedingsmiddel, dan moet het dwangmatig binnengepropt worden – soms evengoed met '*return to sender*'-effect. Na tien jaar verstandig eten kom ik kotsend in sneltempo zeven kilo aan. Is dit een zwangerschap of een eetstoornis?

Op het net valt te lezen dat 75% van alle zwangeren een tijdje misselijk zijn, 0,5% blijven het negen maand lang. Naast een genetische invloed lijden vooral stedelingen er meer en steeds vaker aan. Ligt het aan ons voedsel: lang vervoerd, propvol additieven en smaakversterkers? Aan onze lucht vol chemie? Tussen het lezen in moet ik alweer het toilet in. Ik neurie combattief 'A-BOR-TUS' omdat het the Man geschokte blikken ontlokt en ik zo toch nog eens kan lachen.

Op de knieën voor het toilet haal ik de echofoto van Bebe's profieltje boven – tersluiks, want hij doet sinds die echo al sentimenteel genoeg. Ik bekijk dat bol kopje, herinner me graaiende handjes, een happend bekje, zwevend gespartel. In amper tien weken heb ik onzichtbaar een heel mensje gemaakt. Een kleine alien die me, lichaam en geest, al helemaal verziekt en inpalmt. Die ik nu al belachelijk graag zie. Vervloekte moeder natuur.

Un D, madame!

Wat ook het voorkomen en uiterlijk van een vrouw is, het wordt gebruikt om te ondermijnen wat ze zegt en om haar observaties over het onbereikbare schoonheidsideaal te individualiseren, alsof het om haar persoonlijke probleempjes zou gaan.

Naomi Wolf

Als klein meisje mocht ik graag kijken naar Vrouwtje Theelepel, een dottig langgerokt tekenfilmhuisvrouwtje dat groter en kleiner werd naar believen. Tussenin loste ze voor de lieve spanningsboog een stel mysteries op. Haar enige mankement: al transformeerde ze elke aflevering een paar keer, zelf stond ze er steeds weer versteld van.

Nu begrijp ik Vrouwtje Theelepels verbazing. Na één lichamelijke metamorfose bij mezelf loop ik al weken met ogen op steeltjes rond. Mijn tien jaar lang onbewogen ranke lichaam zwelt, bobbelt, groeit. Na drie maanden was er amper een vermoeden van buikje, maar die tieten! Ze gingen van een A-cupje naar B nog voor er van zwangerschap weet was. Met een schijntje heupvet zette de C-cup in.

De overlopende decolletés gaven me een ongekend pinupallure. Toen dat uitbreidde naar verontrustende Gina-Lollobrigidaproporties was nieuw ondergoed aan de orde. Op

DIE @*! KNOOPJES...
HET LIJKT WEL OF MIJN BORSTEN ZIJN GEGROEID...!
WAT DENK JIJ?
HMM?
-SCHAT...?

naar de department store, voor maximale discretie en zo min mogelijk service. Een Brusselse madam meet me op en roept opgewekt: 'Un D, madame!' Tot zover de discretie.

Een D! Ik ben geëxplodeerd. Ik probeer kleinere cupmaten te bedenken die fout te verstaan zijn, maar alle meegegriste D-cups blijken naadloos te passen. The Man komt – lucky bastard – van de comicafdeling om mijn oogst te checken. Ik wacht donker af. Zijn exen en ik verschillen in ras, opleiding, temperament. Wat we gemeen hebben, is het superslank van anorectische gazelles. Vanachter het pashokjesgordijn waarschuw ik hem zo'n beetje en zet me schrap voor pijnlijk diplomatisch commentaar. En voor zes maanden zwangerschapscelibaat. Het gordijn gaat op een kier. Hij krijgt een zeldzaam gretige blik op zijn gezicht, vergeet het gordijntje dicht te houden en wil elk (D!-)model geshowd krijgen. Asjemenou. Blijkbaar is met mijn omvang zijn voorkeur aangepast.

Een geluk bij een ongeluk? Mijn voluptueus en schijnbaar onzwanger figuur heeft immers flinke tegens. Mannen praten vrijwel consistent met mijn borsten, nette kleren zijn plots uitdagend, zelfs een van onze discreetste vrienden roept grijnzend: 'Wow, Ledoux, euh... leuke etalage!' Ik negeer hem vakkundig, vanuit het hoogst van mijn gezegende staat.

Een vriendin is exact even zwanger en kreeg alleen een prominente bolle buik gemonteerd op haar nog even slank figuur. Natuurlijk heb ik ook een buikje, maar dat valt in het niet bij haar Great Voorgevel. Mijn vriendin wordt door de hele wereld zwangerschapsbeknuffeld – inclusief haar gezel. We zijn jaloers op elkaar. Door die rondpompende zwangerschapshormonen heb je soms tederheid nodig, soms passie. En zij en ik zijn het eens: dat hoeven we geen van beiden van onbekenden.

Wel zijn we allebei trots op onze nieuwe lichamen. Niet op de moederschapsbezingende manier die rozige zwangerschapsboeken ons aanpraten. Ik zit onbeschaamd pontificaal te wezen, beweeg me onnadenkend comfortabel. Het voelt heerlijk. Lompe commentaar van wildvreemden doet me alleen hun geestelijke gezondheid in twijfel trekken. Van mijn superlijf glijdt het af. Gezegend boven alle Vrouwen of Mij geschiede naar Uw Woord? Nee bedankt. Ik teken voor dit dierlijk, onwankelbaar zelfvertrouwen, spectaculair voor een generatie opgevoed onder het dictaat van Barbie, Sporty Spice en Kate Moss. Al sinds ik tiener ben, vecht ik, zoals elke vrouw wellicht, tegen de ziekelijke onzekerheid over die abnormale schoonheidsnorm. Nu ben ik er ook in de praktijk van bevrijd. Wie weet, hopelijk, overleeft mijn nieuwe zekerheid de zwangerschap.

Namen noemen

Met een naam als de jouwe zou je haast elke vorm kunnen hebben.

Alice in Wonderland

Een baby betekent budgetzorgen (nog in ontkenningsfase), minikleertjes (doe ik pseudostoer over), opscheppen over buik (een molshoop groot, en blij toe, dankuzeer). Maar wat met de naam? Met de projectnaam 'Bebe' kunnen wíj voorlopig verder, maar kan het kind alleen stripper (m/v) worden.

Er is een trend. The Man komt met gruwelijkste namen aanzetten, die ik blokkeer met mijn baarmoederjoker. Zo is Bismuth volgens Wikipedia een minderwaardig metaal, maar voor the Man een ideale meisjesnaam. In de Germaanse-oorlogsheldenfase is hij wild van Alarik, Geiserik, Boadica en elk andere wilde die ooit met Romeinen bakkeleide. Toen we in Londen de metro namen en zijn ogen over het metroplan glaasden, voelde ik de bui al hangen. The Man binnenmondste wat over mooie stationsnamen en mompelde plechtstatig: '*Bermondsey*... Bermondsey Beeckmans...'

'Ho daar,' zei ik, 'je wil je eerstgeborene naar een station noemen? En moet de volgende dan Brouckère worden?'

Wanneer we het naamwoordenboek als inspiratie openslaan blijkt the Man niet zo gek. Het ding leest als een moppenboek. Giechelend spreken we af dat het kind als vijfde naam Lamoraal of Karpathica krijgt voor het geval hij/zij performanceartiest wordt. Wie heeft een pseudoniem nodig met zo'n naam?

In de babyboom onder verre bekenden en BV's valt ook niets te rapen. Er zijn vernoemingen van godinnen tot gifmengsters, punksterren tot opa's. De ene keer dat we helemaal vallen voor een naam is hij bezet door te nabije vrienden. Regel één: gij zult geen babynaam van vrienden stelen. Regel twee: als ge het toch doet, zorgt dan dat de naam populair is. Regel drie: weest bij het negeren van voorgaande bereid om de vriendschap eraan te geven. Met een zwangere vriendin vermijden we ternauwernood een frontale botsing. Knarsetandend schrappen we onze enige consensusnaam.

Er zijn natuurlijk manieren om je snel van het zaakje af te maken. Noem de baby naar een grootouder. Kies de heilige van de geboortedag. Ga voor de achtste meest populaire babynaam dat jaar (naam één is generisch, naam vijfhonderd een gevaarlijke gok). Laat je sekteleider de naam bepalen; wat goed genoeg is voor Sufjan Stevens zal ook uw kleine overleven.

Alleen zijn we van die controlefreaks die namen belangrijk vinden. Elke filmaftiteling wordt afgespeurd en we piekeren ons gek. Niet te populair en niet al te vreemd, elegant, geen rare schrijfwijze, goed vertaalbaar, leuke betekenis. Als het even kan ook een voorspoedige vedische naamshoroscoop, want met moeilijke kommaneukers zoals wij als ouders heeft dat kind alle geluk van de wereld nodig.

We raken het na zwaar debatteren eens over een shortlist, maar van daaraf lopen de onderhandelingen spaak. The Man gaat ervan uit dat een geschikte naam zich vanzelf aandient.

Maar ik zie het al gebeuren. Nog zeven maanden zal er worden geschrapt en getwijfeld tegen de geboortedeadline op. 'Bebe' vestigt zich nu al stevig in de conversatie, de geboortekaartjes en doopsuiker zullen straks onbenoemd liggen verwezen.

De shortlist ging inderdaad mee tot het einde van de zwangerschap. Met alle getuimel, geschop en voedselvoorkeuren leek het duidelijk dat onze dochter geen zacht, stil bloempje zou worden. Daarmee hadden we rekening gehouden door namen met veel karakter en een mooie betekenis te kiezen. In die laatste weken ontdekte ik de online namendatabase van Kind & Gezin (in Nederland via het Meertensinstituut). Daar kan je checken hoe vaak en waar een naam voorkwam in de afgelopen jaren. Een van onze keuzes bleek waanzinnig populair. Ik stelde me vijf naamgenoten in elke klas voor, en de naam werd geschrapt.

In België wordt een naam meestal gekozen voor de geboorte. In Amerika of Engeland gebeurt dat meestal pas erna en kan een kindje nog dagen 'anoniem' blijven. In delen van Afrika krijgt een kind pas een naam na een jaar, omdat de ouders het dan hebben leren kennen. Ook wij beslisten om te wachten tot Bebe geboren was. De bevalling en haar gezichtje en manier van doen zegden genoeg. We praatten kort na de geboorte, toen de vroedvrouwen thuis waren vertrokken, even met elkaar en waren het snel eens welke naam de hare was. En dat was geen station.

Goudlokje en de Drie Beren

Wat vrouwen ook doen, ze moeten het tweemaal zo goed doen als mannen om half zo goed beschouwd te worden. Gelukkig is dat niet moeilijk.

Charlotte Whitton, ex-burgemeester van Ottawa

Had ik net een warme wafel besteld, vraagt een vriendin hoeveel ik ben bijgekomen. Ik zeg lachend 'een hoop', want kilogesprekken onder vrouwen betekenen hommeles. Maar ze dringt aan en goh, ik ben zwanger, dus ik noem het getal. Vrouwen in verwachting hebben toch een vrijkaart om te verdikken? Dat had je gedacht. 'Tien kilo?' roept ze ongelovig. Ik grijns en zeg haar vooral goed te kijken – een overbodige uitnodiging. Al keurend roept ze: 'In vier maand? Is je vroedvrouw ongerust? Dat is toch niet normáál?' Ik voel me prompt één grote vetbal en bijt balorig in mijn wafel terwijl er om ons heen scheef wordt omgekeken. Het hoge woord is eruit. Normaal.

Zo gaat het al maanden. En zo lijkt het voor elke aanstaande moeder te gaan. De onschuldige vraag of het goed gaat, checkt eigenlijk of je het goed genoeg doet. Het begint al bij de bevruchting. Je leeftijd leek je altijd prima, maar is nu problematisch. Voor een baby ben je te jong (economisch) of te oud (biologisch). Zo begint een lang Goudlokje en de

Drie-Berensprookje in moedervorm. Te groot, te klein, haast nooit goed.

Ben je de bedilzucht over jezelf een beetje gewend, dan moet je superprille embryo eraan geloven. Je bent maar zo geslaagd als de babytests uitwijzen: resusfactor, triple test, vlokkentest, vruchtwaterpunctie... Vaak geven die tests niets dan vermoedens, met enorme percentages vals alarm en vals groen licht. Dat maakt de uitslag niet minder gewichtig. Heelder zwangerschapsforums worden volgehuild door verontruste aanstaande mama's, die hun kind door de engste ziektes bedreigd zien. Meestal is het kind kerngezond en komt moeder ervan af met een flinke lading stresshormoon. Alsof dat zo goed is voor de baby.

Zelfs de snoezige standaard echografie krijgt een vies kantje. Terwijl ik doodverliefd naar Bebe staar, woelend op het scherm, zit de gynaecoloog naast me een controlelijstje af te vinken. Boos dat het kind nu al in examens moet slagen, ontwijk ik zoveel mogelijk tests en echografieën. Op elke vraag zeg ik trots dat mijn foetus poepgezond is en bericht, al dan niet valselijk, over voorbeeldige groei, beweging en ligging. Want zelfs hoe zo'n wurmpje zich nestelt wordt beoordeeld, van overgeproblematiseerde stuitligging tot beter (links) of slechter (rechts). Als links- en rechtsdragende mannen zo werden beoordeeld, sprak elke vent er schande van.

Van mannen gesproken: terwijl ik negen maanden op de rooster lig, wordt the Man geprezen en geruggeklopt. Hij heeft in één shot Bebe verwekt, derhalve zijn plicht gedaan. Alles wat hij daarbuiten presteert blijkt superlatieven waard. Dat hij één dag ouderschapsverlof per week overweegt wordt als uiterst kindvriendelijk gezien. Ik blijf sowieso een dag thuis, maar krijg ik lof? Welnee, ík krijg moeilijke vragen:

wil ik mijn kind echt drie dagen in een crèche stoppen? Oh ja. Míjn kind. En zijn fantastische shot dan? Wie onze maatschappij geëmancipeerd vindt, moet dringend het moederschap uitproberen. Onze standaards voor vaderschap zijn blijkbaar zo laag dat de minste interesse wordt toegejuicht. Vader ben je zonder brevet. Voor moederschap moet je zelfs vandaag nog lijden.

Voorlopig verstop ik als een guerrillera mijn boosheid, leer vragen te vermijden en hou elke twijfel voor een heel select, betrouwbaar gezelschap. Ik hoop op beterschap na de bevalling. Tot vriendin K, nu prille moeder, belt. 'Ik ben gezakt voor mijn bekkenbodemspierentest. En de dokter zei nog wel dat alles in orde was!'

Ik ben een illusie rijker. Na de bevalling duurt de dictatuur voort en staan Bebe en ik beiden onder vuur. Hopelijk wordtie een goede guerrillero. Weg met het gezag! À bas met de normering!

***

Het verbaasde me enorm hoe interesse omsloeg in een maandenlange tentamensessie. Want voor mijzelf ging het net omgekeerd. Een van de dingen die ik heerlijk vond aan zwanger zijn, was dat het hele vrouwelijke perfectiebeeld wegviel. Je bent sowieso mooi want je bent een aanstaande mama. Je bent sowieso geslaagd want je maakt een mensje. Je lichaam is daardoor ongelofelijk, perfect, op het toppunt van zijn vrouwelijkheid en kunnen.

Sommige mensen (vooral mannen) grapten over mijn omvang; ik ging van flamingo naar kangoeroe. Moppen over dikke buiken doen het blijkbaar nog goed. Met mijn instinctieve nieuwe mamakracht lachte ik hen gewoon terug uit. Ik maakte een baby; wat was hun excuus? Het hielp dat the Man me mooi en aantrekkelijk vond. Dat gaf veel vrijheid. Ik kon me lichamelijk concentreren op mama worden, zonder te moeten tobben over kilo's of uitzicht. Hoe misselijk en ziek ik me die negen maand lang ook voelde, ik vond mijn lichaam geweldig. Op onze overbevolkte wereld lijkt een nieuw kind misschien niet meer zo bijzonder. Maar elk zwanger lichaam volbrengt toch mooi een wonder.

Ik was trots op hoe mijn binnenste dat helemaal vanzelf regelde. Niet dat de misselijkheid lyrisch maakte, maar tussen de groen-en-geelmomenten fascineerde mijn lijf me en hoe het detecteerde wat goed was voor mij en de baby. Mijn geur- en smaakzin waren scherper dan ooit, en zetten een misselijkheidsradar in gang bij alles wat niet puur was. Na een tijd merkte ik dat de ziekte kwam in vervuilde buurten, bij eten dat niet kraakvers was, en vooral bij voedsel dat e-nummers verstopte of chemisch 'verrijkt' of gealterneerd was. Mijn neus leerde me waar er vers en met goede ingrediënten werd gekookt.

Ik draaide ook de knop om van 'letten op je eten'. Calorieën zaten me in de weg, weegschalen schepten alleen twijfel – geen enkel cijfer is goed genoeg. Ik vertrouwde op mijn lijf. Eten werd daardoor van lastige bezigheid (te veel, te weinig, te ongezond) een dierlijke drang die ik graag bevredigde. Aan diëten deed ik niet. Ondanks de misselijkheid kwam ik twintig kilo bij. Maar ik at wat mijn lichaam me luid en duidelijk voorschreef, en dat stelde me gerust. Ik at enerzijds zonder zorg voor lijn of kilo's, anderzijds was het geen opzettelijk schransfestijn. (Mogelijk zag het er wel zo uit voor de buitenwereld, maar ook die kon me geen bal meer schelen.)

De bevrijding van die manier van denken was heerlijk. Na de bevalling wilde ik de gewoonten zoveel mogelijk houden, net als de trots, de verbinding met mijn lichaam en de manier van eten die ze me leerden.

De trots is vrij intact. Ik kijk wel eens scheef naar mijn lichaam in de spiegel, maar herinner me snel genoeg wat het kan: een kind baren en het met armen, stem, lichaam en zelfgemaakte melk tot een kloeke baby laten uitgroeien. Ik eet nog steeds met smaak, en door de borstvoeding zelfs meer dan van nature. Mijn lichaam is post-baby anders, en ik vind het prima. Ik lees zo min mogelijk modebladen omdat ik weet dat, al ben ik me bewust van hoe zot die vrouwenbeelden zijn, ze me toch beïnvloeden. Onbewust schijnt elke lezeres vrouwelijke modellen als ideaal in de hersenen te prenten. Dat ze tieners zijn, professioneel opgemaakt, bijgewerkt en aangekleed tot ze er als (weliswaar uitgemergelde en ietwat heroïneverslaafde) godinnen uitzien, registreert ons brein jammer genoeg niet.

Na de bevalling voelde mijn omgeving nog steeds anders. Geuren bleven een aanslag op mijn neus plegen. Het lekkerste parfum stonk, en ik liet de mijne met spijt staan. Maar na een tijd miste ik ze niet eens meer. Ik begon mijn lichaam, dat ik altijd kritisch had bekeken, er beter door te kennen en aardiger te vinden.

Ik las hoezeer een pasgeborene op zijn neusje vertrouwt om de wereld en zijn moeder te leren kennen. Ik merkte dat Bebe's babygeur werd verdrongen door de stinkparfums van elke vrouwelijke bezoekster na ook maar even vasthouden, en gebruikte pas na weken weer simpele rozenolie. Alle slaap- en verzorgingsgebrek in rekening genomen, zag mijn huid er niet slechter uit.

Vriendinnen die ook in de luiers zaten of tegen een bevalling aan hikten, rapporteerden eenzelfde tegenzin voor geurtjes en chemie. Een van hen gaf zelfs deodorant op. Ik heb haar nooit op geurhinder betrapt, maar hield het als verlegen metrogebruiker bij aluinsteen en biodeodorant. Ook aan dat natuurlijke zijn trouwens grenzen. Gaandeweg sloop er weer wat meer make-up op mijn gezicht, en deed ik iets minder moeilijk over geurtjes of synthetische stof. Ik ga niet terug naar de steentijd, mijn wereld vereenvoudigt gewoon en wordt reëler. De kunstmatige zoetstof blijft in de prullenbak, ik maak liever limonade dan cola light te drinken en houd het anders bij water. We hebben snoep, cafeïne, alcohol en ander hyper of verdovend spul verminderd, maar houden een taart af en toe erin. Mijn eten komt minder uit pakjes, en ik hoop dat de weinige beesten die ik eet echt hebben geleefd en gescharreld.

Ik koop nog geen geitenwollen sokken voor in mijn pumps, en merk van de mueslineigingen weinig in de spiegel. Er wolkt wat minder vaak Chanel rond mijn kop, waarvoor mijn medemetroreizigers me wellicht danken. 'Verantwoorde' make-up kleurt even goed, en andere foute dingen zoals haarverf, nagellak en een tik van de overconsumeristische klerenkoopmolen kan ik, ach en jee, nog niet laten.

Mamamodellen

De meeste vrouwenmagazines proberen simpelweg om van vrouwen grotere en betere consumenten te maken.

Gloria Steinem

Met het zwellen van de buik blijkt zwanger zijn een hele lifestylekwestie. Bladerend door talloze zwangerschapsmagazines twijfel ik over wie te zijn. Het moederschap is namelijk door marketingmensjes verkaveld tot een knollenveld vol mamamodellen. Zelfs de ouderwetse aanpak is ingelijfd: traditionele waarden zijn sterk in trek. Al lijkt de volbloedmama nog geboren, niet gekweekt. Zij nestelt zich in de moederrol als een poesje in de zon: rotsvast, vanzelfsprekend en met zichtbaar genoegen. Boeken, goeroes of consumptiepatronen hebben die vrouwen niet nodig. Zij zijn hun eigen autoriteit.

Minder oermoederlijke sukkels als ikzelf moeten andere prototypes zoeken. Er is keuze te over. Angelsaksische Alpha Mummy domineert. Pontificaal aan het stuur van haar luxegezinswagen dirigeert ze haar kinderen een propvolle dag door, van koekjes bakken tot topvergadering. Opvoeden is een project als een ander, en zij wil 110 procent slagen. Om haar werelden aan elkaar te breien – en de yuppievrienden te verbluffen – is geen gadget haar te veel. Junior krijgt een portie klassieke iPod terwijl zijzelf een cafeïneshot lurkt uit de buggy-cappucinohouder. ’s Avonds popt ze een gelukspil om die slopende routine te blijven trekken.

Slummy mummy – sloddermama, zeg maar – zag ik eerst helemaal zitten. Vrijheid blijheid in een huis vol vlekken? Waarom niet. Maar Slummy heeft een verborgen agenda. Alle nonchalante praat ten spijt, is zij alfamam in even duur en minder hyper. Chique afhaalmaaltijden, werkster en nanny zijn standaard voor haar, net als occasionele designeruitspattingen.

Zal ik dan maar een groene natuurmama worden? Met mijn afkeer van afvalstoffen, gif en plastic, en voorraadje herbruikbare luiers ben ik goed op weg. Ik overweeg om zelf babyvoeding te maken en een draagdoek ligt hier ook al. Snuisterend in ecoshops geniet ik van hoe mooi de spullen zijn. En besef, kijkend op de prijskaartjes, dat eco evengoed een A-merk is. De biosector dankt de aardgodin, en natuurmama koopt nog een peperduur ongebleekt, Steiner-goedgekeurd houten speelgoedje.

In al de gruwelijke commercie zit een lichtpuntje. Want voedsel, vrije tijd en vervoer zijn geannexeerd, maar de hele stoeipoezenrage en sekscommercie, van paaldansen tot tantrayoga, laat ik als zwangertje passeren.

Tot al babysurfend sites als hotmamas.nl mijn scherm op poppen. ‘A new way of being a mommy,’ roepen ze, en praten me een mini-shirt ‘my mom is hotter than yours’, een ‘skinny-crave maternity jeans’ en een papparazzi-gespotte Posh en Becks-draagzak aan. Scrollend spatten de 500-euro-gadgets en het customised kraamfeest (prijs op aanvraag) me tegemoet. Het ‘hot’ van deze mama’s slaat wellicht op hun roodgloeiende bankrekening.

Een mamamodel heb ik nog steeds niet, wel een shockgeïnduceerde koopstop. Alleen de biologische vleesindustrie (wegens plotse goesting) en dvd-producenten (want groeiend immobiel) lever ik nog winst op. Qua babystuff hou ik me angstvallig in. De Spartaanse, verstandige lijstjes van Kind & Gezin worden mijn leidraad. Is het loffelijke ethiek of een blokkade tegen de vakjesmama's? Ik ga mismoedig aan de rug van the Man hangen en vraag of ik nu een alfamama, sloddermama of hypemama ben? 'Geen idee,' zegt hij vrolijk, en grijpt mijn gloednieuwe heupkussentjes, 'Slutty mommy misschien?' Heel eerbaar of moederlijk valt het niet te noemen. Maar zonder dure draagzak en luxegadgets, met ingebouwd gratis tijdverdrijf, maakt het me wel een antimarketingfenomeen bij uitstek.

Rooie cijfers

Geld is beter dan armoede, alleen al om financiële redenen.

Woody Allen

Sinds ik zwanger ben, kijken we met licht andere ogen naar ons budget. Ons spaarvarken is sowieso niet obees te noemen, maar staat nu op een all-time-low. The Man, die een ietwat lodderig oog op de uitgaven houdt, ziet er een paar weken na de vakantie veel te bezorgd uit. De reisfolie lag achteraf een beetje erg ver buiten ons vermogen.

De zwangerschapshormonen slaan alle kanten uit wanneer ik de werkelijke rode cijfers te zien krijg. Kinderen kosten van inenting tot oorontsteking handenvol geld. Fietsen, jassen, schoenen: ze groeien er zo uit. Er moet gestudeerd, gereisd, gepretparkt en geabonneerd. The Man lacht mijn bezorgdheid weg. 'Ach liefje, er moet ooit wat meer binnenkomen. Maar wat kan een baby nu kosten? Dat drinkt melk en slaapt de hele dag!' Ik googel 'hoeveel kost een kind', vind de Schaal van Renard en toon hoeveel je per inkomensklasse aan baby's uitgeeft. Hij verslikt zich in zijn koffie, laat me twee keer herberekenen en blijft die avond ongewoon lang woelen in bed.

Sindsdien staan we op financieel rantsoen. Shopmiddagen en citytrips: ze zijn geschrapt. Iets te decadente etentjes hebben we zelfs thuis niet meer. Bakkerstaartjes zijn afgeschaft;

na amper een paar weken bakken mijn cakes niet meer aan. Bij zwangerschapsgoesting gooi ik het Indisch afhaalmenu knarsetandend opzij en bedel bij manlief om zelfgemaakte stoofpotjes. Louis Delhaize wordt voor Mr. Lidl ingeruild. Zelfs koffietjes in de stad worden overwogen, niet impulsgekocht.

Zo heel veel ongemak brengt het niet mee. De verloren onbezorgdheid bij het uitgeven missen we nog het meest. We knarsetanden allebei over verloren pleziertjes. Af en toe windowshop ik meewarig een jurkje, hij pruilt over zijn cocktailavond. De witte-productencrèmes ruiken niet half zo lekker als die met Lauder, Chanel of Lancôme op het potje. In een hormonale bui forward ik hem al eens een uitnodiging voor designerstockverkopen, maak een giftige opmerking over zijn libido, merk dat hij de dagen erop opvallend mokt. Het leven blijft verder prettig. De additieven in gekochte snoep, de afhaalhap, de supermarkt worden geruild voor een volle caddy op de Zuidmarkt. Eieren en groente en fruit blijven met wat gepuzzel biologisch. Aan het eind van de maand tellen we de besparing uit en geven onszelf een flinke boon. Wij krekels zijn plots meneer en mevrouw Spaarder. Wie had dat gedacht.

De enige schaduwkant? Al die naarstige spaarderij levert als beloning geen hakken, leuk rokje, tripje naar de zon of andere verwendingetjes op. We sparen voor babypark, wasmachine, loodgieter en kinderwagen. Ouderland komt met waarschuwingen. Goedverdieners moeten een nanny zoeken, kleinverdieners op de kleintjes passen. Middenverdieners verliezen alleen hun materiële fun. Een warm welkom is het niet, maar het valt me best mee.

Nu leef ik op hoop. Binnen een jaar, reken ik, kunnen er weer wat jurkjes of mooie schoenen van af. In maatje zes maand.

Uit de hemel gevallen

Bijna elke gynaecoloog gelooft dat bevallen van de drie P's afhangt. De Passagier (de baby), de Passage (bekken en vagina) en Power (kracht van de weeën). Daar komen volgens mij alleen misvattingen van over de echte kracht van vrouwenlichamen, en dat brengt al te veel keizersnedes, vacuümverlossingen, forceps en andere complicaties mee.

Ina May Gaskin

Midden in Molenbeek huist ze. Grijs, troosteloos, wanbeheer en rellen. Maar eenmaal binnen is haar kantoor een kleurige babywereld vol pastel en zachte mamadingen. Aan de muur hangt een trotse afgegoten buik. Haar vind ik die eerste afspraak nog lijken op een kruising tussen een aardegodin en een biowinkelierster – al komt ze me acht maanden later in contrast met mij als hip en superslank voor. Ik ben onwennig en verwacht elk moment dat ze tussen mijn benen aan het werk wil. Maar nee, ik heb dates gehad die sneller voor een *money shot* gingen dan zij. Ze zet een pot thee en begint rustig te kletsen. Bij het onderzoek legt ze een zedig stukje buik bloot en zoekt de harttoon van de baby. Het blijkt nog een beetje vroeg daarvoor, wat ik prima vind, maar als troost krijg ik allerlei promotionele stuff, magazines en staaltjes mee. Ik ben dol op dat soort verzorgingsprulletjes en houd mijn mond. De twee volgende dagen zal ik firma's mailen om wellnessstaaltjes voor mijn aanstaande kind.

De gynaecologische dienst waar ze mee samenwerkt heeft een geboorteruimte die als een speelkamer klinkt, zij het dan met veel meer pijn. Ontspanningsbad, touwen om in te hangen, geboorteballen, klimladders… dit is het Walibi van de bevalling. Al gaat het ziekenhuis duidelijk voor 'knus', de afspraken staan in schril contrast met die bij de vroedvrouw. Inschrijven in een lange rij, wachtzaal met twintig andere buiken, tien minuten echo bij de witgejaste dokter. Voor je het weet sta je weer buiten, een lopende band is er niets bij.

Zo krijgt de vroedvrouw de verhalen over misselijkheid te verwerken, net als de irritatie wanneer ze dat normaal vindt (al te passief-agressieve commentaar slik ik weg met het beetje kots dat net opburpt). Wanneer ik slaapdronken zit te geeuwen, schrijft ze supplementjes vloeibaar ijzer als oppepper voor. Die zijn zachter voor het systeem dan de pillen die dokters voorschrijven, weet ze. Wonderolie raadt ze af bij late baby's ('wie wil nu weeën met diarreekrampen?'), voetreflexologie raadt ze aan ('joh, wie weet hoe het werkt, maar die baby komt zó).

Bij de dokter ga ik binnen met een haastig afgewerkt lijstje, de vroedvrouw luistert en vraagt naar elk detail van de zwangerschap. Terwijl de baby steeds meer plaats in mijn buik neemt, wordt haar plaats in mijn leven belangrijker. Ik deconnecteer een beetje met kinderloze vriendinnen, maar voel me des te meer welkom in haar mama-universum. Soms ga ik er binnen vol voorbarig heimwee. Tot ze op een dag met vijf vrouwen én baby's rond de tafel zit. 'Wil je even oefenen?' lacht ze, en ik besef dat ik hier ook straks nog binnen mag voor een portie warmte.

Eén distel blijft in dat idyllisch landschap overeind. Want elke stagiaire in de praktijk is ruw, onderzoekt mijn buik en *nether parts* met ijsklompen van handen, en als the Man en ik tedere blikken uitwisselen over Bebe's hartenklop, persen ze zich als een overgretige labrador tussen ons in. 'Maak je eigen foetus!' wil ik roepen. En na elke afspraak vraag ik het me af: Waar wordt een vroedvrouw gemaakt? De mijne moet uit de hemel gevallen zijn, zoals Mary Poppins. Zonder paraplu, maar met een zachtroze babydraagdoek als parachute.

Eén voet in het graf

Moed is de kunst om de enige te zijn die weet dat je doodsbang bent.

Harold Wilson

Al weken ben ik bang. Het is een gevoel dat niet klopt met een bollend buikje. Rozig, tevreden, zelfs ietwat vadsig of hypervrolijk mag je zijn. Angstig niet. Ik ben het wel: bang in remmende metro's en kruisende treinen, op de fiets tussen auto's als zwenkende moordwapens. Het doodsgevoel begint zo op intuïtie te lijken dat ik me 's nachts groeiende tumoren voorstel die me slopen nog vóór of vlak na de geboorte. Ik geef toe aan de morose stemming en dien mezelf slapeloze overdoses *Dexter* en *Six Feet Under* toe.

Op echo twee zagen we onlangs ons meisje. Klein, spartelend, volmaakt. We lopen nadien met een idioot euforische grijns door de stad. Evengoed is 24 weken een delicate schemerperiode. Zo helemaal af als ze lijkt, is ze niet volgroeid en nauwelijks levensvatbaar. Hoeveel we ook van dat kleine hoopje mens houden, als er nu iets misgaat verliezen we haar wellicht. Twee dagen later vertrek ik op trip naar Berlijn en wil nauwelijks aan boord. De hele vliegreis huil ik – stewardessen vermijden me ogenrollend – en aangekomen voel ik me ver van mijn normale avonturendrang, breekbaar en alleen.

Als ik niet neerstort op de terugvlucht, krijgt the Man vast een infarct. Als bij mirakel overleven we allebei die vijf doodgewone dagen. Maar bang voor alles blijf ik.

Sommige vriendinnen menen dat ik me identificeer met het kind, de kwetsbare schakel in mijn lijf. Maar al klinkt het prachtig freudiaans, ik wil er niet aan. Ook het laconieke mailtje van een andere vriendin – 'Over die bezorgdheid: gefeliciteerd. Je bent nu officieel moeder.' – is me te makkelijk stereotiep.

Stevige zwangerschapslectuur vertelt over de traditionele verstrengeling tussen dood en zwangerschap. *Femme grosse a un pied dans le fosse* – een zwangere vrouw heeft één voet in het graf – was in het middeleeuwse Frankrijk een laconiek spreekwoord. Amper anderhalve eeuw geleden waren zwangerschapscomplicaties voornaamste vrouwelijke doodsoorzaak; voor meisjes tussen vijftien en negentien geldt dat nog steeds. Elke minuut sterft een vrouw aan de complicaties van zwangerschap en bevalling.

Er zijn nog meer donkere statistieken. Allemaal trieste woorden in een tere materie. Mijn eigen onrust is er triviaal naast. Maar al verliest het veilige Westen nog weinig moeders en baby's, het doodsgevoel lijkt ons ingebakken. Zowat vijftien procent zwangere vrouwen is ook hier bovenmatig angstig, en de helft knijpt 'm bij het idee van de bevalling.

Toch: meestal is er leven. Bij elke salto van mijn kleine breakdancer fluister ik mijn buik toe: 'Blijf zitten, kleintje. Blijf veilig.' Op de drukste Brusselse straten word ik vertederd bekeken en beleefd doorgelaten.

Zelfs in de dood is er leven. Gisteren gingen we naar de begrafenis van een vriend. De zwangerschapshormonen maakten alles nog iets emotioneler dan verwacht. Er werd veel gehuild en tussendoor meewarig glimlachend over mijn buik geaaid. In het ontstaan ligt de dood; in de dood schittert nieuw leven. Een zwangere vrouw is de toekomst in een menselijk blikje. En ikzelf ben dus een doosje hoop.

***

In het vroegere Westen, en vandaag elders ter wereld, was en is de dood een deel van moeder worden. Abortussen, al dan niet in goede omstandigheden, brengen ook de moeder in gevaar. Hygiënetekort, gebrekkige voeding en andere haperende omstandigheden geven afwijkingen en ziekten sneller grip op moeder of kind. In sommige delen van de wereld is het nog steeds de gewoonte dat kinderen pas een naam krijgen wanneer ze eenmaal uit het teerste deel van hun leven zijn gegroeid. In China krijgt baby in de buik zelfs een scheldnaam, om het noodlot een loer te draaien.

De geboorte en je begeleiding daarbij konden ook gevaarlijk zijn. Er waren modes en tendensen in bevallen, die soms eerder risicofactor dan redding waren. Vroedvrouwen waren niet altijd de specialisten van vandaag; chirurgijnen verspreidden de dodelijke kraamziekte door met ongewassen handen van sterfhuis naar kraambed te gaan. Onnodige en onveilige ingrepen brachten geen verlichting maar gevaar.

Modes en tendensen zijn er nog altijd. In de jaren 1950 werd een vrouw bij haar bevalling vaak verdoofd tot ze, tussen waken en slapen in, niet meer besefte wat er gebeurde. Vandaag scheert het aantal keizersnedes onbegrijpelijk hoge toppen. Ook de vandaag gangbare baringspijnstilling houdt risico's in. Bij veel technieken en protocols worden terecht vragen gesteld. Ideeën van wat een bevalling verlicht – verdovingen, instrumenten, houdingen – maken het de barende soms knap moeilijk of traumatiseren haar zelfs.

Dat angst zich over de generaties heen in het lichaam vastzet, betwijfel ik intussen sterk. De positie van het kleine kwetsbare mensje, waaraan wij ons vandaag veel vroeger hechten, maakt natuurlijk onzeker. Maar het is de angst rond de geboorte die bij mij de meeste vragen oproept. Hoewel bevallen een ingrijpende en levensveranderende gebeurtenis is, hoort angst er vanuit biologisch standpunt allerminst bij. Rustig bevallen gebeurt juist zonder angst.

Dat lijkt compleet onmogelijk, zoals het ooit onmogelijk leek dat seks vrouwen genot zou schenken. Vrouwen waren het genieten van seks cultureel verleerd, en verwachtten alleen pijn. Begrijpelijk: als je er geen zin in hebt, niets voelt voor de ander, en vooraf niets goeds te horen krijgt, zet je lichaam zich helemaal klem, doet seks natuurlijk pijn en wordt penetratie onmogelijk. Op dezelfde manier zet een lichaam zich schrap als je je niet helemaal veilig voelt tijdens het bevallen. Je hebt eenzelfde soort overgave en zelfvertrouwen nodig.

Vrouwen hebben seksueel genot heroverd in de twintigste eeuw. Na een paar seksuele revoluties en dankzij de inzet van generaties vrouwen kennen we ons lichaam beter en weten we waar genot vandaan komt. Onze dochters krijgen voorlichting die genuanceerd en informatief is. Meisjes wordt duidelijk gemaakt dat ze genot kunnen en mogen voelen, en dat gebrek eraan geen gewone gang van zaken hoeft te zijn.

Natuurlijk lijkt, door een hedendaagse bril bekeken, de vergelijking tussen seks en bevallen vergezocht. Maar misschien hoeft dat niet zo te zijn. Misschien zijn we wat bevallen betreft gewoon erg victoriaans gebleven. Net als bij vrijen, brengt paniek bij een geboorte een lichamelijke blokkade op gang. Ontspanning helpt juist bij een vlottere bevalling. Ook tijdens je zwangerschap beïnvloedt angst de stemming en vorming van je kindje. Ben je ontspannen zwanger, dan ontwikkelen lichaam en geest van je kind zich voorspoediger en voel je je (wellicht allebei) gelukkiger.

Ontspannen, rustig zwanger zijn is dus veel waard. Hoe jijzelf en je omgeving met je zwangerschap omgaan kan dat sterk beïnvloeden. Een gezonde zwangere wat ontzien mag gerust (niets is heerlijker dan 's nachts niet zelf naar een nachtwinkel te moeten spurten om alweer een exotische zwangerschapszin te bevredigen). Maar niet omdat je een breekbaar eitje bent; juist omdat je een krachttoer als een topatleet levert. Je lichaam is krachtiger, feller, sterker dan anders. De collectieve bezorgde angst bij zwangerschap en bevallen is nutteloos, en prent je brein nodeloos in dat er gevaar dreigt. Een zwangere vrouw verdient respect, zorg en zachtheid als ze die wil, maar geen voorzichtige bezorgdheid. Die is nergens voor nodig, en maakt een moeilijke bevalling alleen waarschijnlijker.

Dezelfde invloed hebben onze steeds gemedicaliseerder zwangerschappen. Je goed voorbereiden op een bevalling is niet slecht. Kennis over hoe je bevalt, kan je sterker maken. Als je de stadia van bevallen leert kennen, weet je wat te verwachten. Maar dat hoeft niet alleen medisch te gebeuren, of als lijdend voorwerp. Voortdurend onderzocht en steeds vaker geëchood worden; talloze wat-als-scenario's, besproken bij de dokter of in het babyboek – telkens met een medische oplossing – inspireren soms minder tot zelfzekerheid dan tot afhankelijkheid. Voorbereiden om zelf te bevallen wordt vervangen door het vertrouwen in de medische staf. Maar het vertrouwen in je eigen lichaam kan daarbij verminderen.

Dat er een medische oplossing is voor problemen is goed. Bij sommige ernstige problemen kan zelfs alleen de medische vooruitgang een oplossing bieden. Maar die problemen komen minder voor dan de massaal als 'risicozwangerschap' gelabelde zwangerschappen laten uitschijnen. Een noodgedwongen gemedicaliseerde zwangerschap is eerder uitzonderlijk. Een bevalling hoeft niet zo medisch te zijn. Sterker nog: het is wellicht hoog tijd om de weegschaal in evenwicht te brengen en medisch wat meer afstand te nemen.

Als vrouwen vertrouwen weten te vinden in hun eigen lichaam, bevallen ze vlotter – ook na een eerste (of verschillende) sterk gemedicaliseerde of moeilijke bevalling(en). Er doen zich minder problemen voor, de lichamen van en automatische biologische samenwerking tussen vrouw en baby vangen veel op en lossen een aantal problemen zelf op (meestal op een prettiger manier dan het medische alternatief).

Hóe je je tijdens de zwangerschap voorbereidt, is daardoor minder belangrijk dan dat je er zelfvertrouwen en geloof in jezelf en je lichaam mee wint. Momenteel zijn er een heleboel cursussen en voorbereidingsmanieren te vinden. Hypnobirthing, yogalessen, begeleiding door een doula, meditatie, verhalen over bevallingen van rustige, ervaren moeders en talloze andere technieken leveren je vertrouwen in plaats van schrik op.

Zwangerschap en geboorte worden daarmee geen sinecure. Ze blijven een even fel en ingrijpend gebeuren, maar je kan wellicht je lichaam (meer) zijn gang laten gaan. Je geest staat je lijf dan niet in de weg met angst, en helpt het zelfs te bevallen. Dat zorgt voor een vlotter baringsproces, waardoor er veel vaker normaal wordt bevallen. Met een bevalling zonder ingrijpen vermijd je allerlei postnatale lichamelijke en geestelijke kwalen bij jou en je baby. Ze zorgt voor veel meer trots en zelfvertrouwen.

Uiteraard hoef je je niet af te sluiten van alle medische vooruitgang. Echo's zijn prachtig. Onderzoeken zijn waardevol voor de medische wetenschap en statistiek. Ze kunnen je voorbereiden als het anders gaat dan je je voorstelde. Een ziekenhuis kan vrouwen in nood redden als dat moet. Maar de meeste zwangeren zijn doorsnee en gezond. Die mogen in hun waarde gelaten worden, zonder medisch of maatschappelijk struikelblok. Vrouwen in staat stellen zich goed, rustig, comfortabel en in alle zelfvertrouwen voor te bereiden op een bevalling, dat is écht verlossing. En er is een hoop werk aan de winkel om dat te bereiken.

I am the walrus

Bijna niet meer zwanger. Vreselijk ongelofelijk zwanger. Ik ben er nog niet uit welk van beide ik ben.

Goh, ik ben dik. 'Neeeee! Je bént helemaal niet dik! Je bent zwanger!' roept elke (hyperslanke) niet-zwangere. Die vette leugen komt nog in Prozac-twinkels en bloemige zachtheid ook, op een toontje dat wordt verondersteld zwangeren rustig te maken. Maar verdorie. Ik ben niet blind of gelobotomiseerd. Ik heb een spiegel, maar dik mag dit niet heten?

Goed dan, zwánger zal het wezen. Zo zwánger dat ik waggel als een eend en zweet als een otter. Maandenlang al schuift mijn taille omhoog tot ik zo zwánger ben dat alleen de lichte zwenking tussen borsten en bobbel voor pseudovrouwelijke curve kan doorgaan. Mijn goedkope zwangerschapsluipaardjurkje past nog. Een artikel over de dierenprinthype waarschuwt voor grove print of stof. Die zien er snel goedkoop uit. Maar juicht: ik zie er zo gruwelijk zwánger uit dat zelfs een plompe polyesterjurk niet 'haal uw betaalbare publieke seks hier' schreeuwt.

Ik ben lang inventief geweest met mijn eigen kleren – grotendeels om de klassieke kant en pofmouwen van 'futuremom'-collecties te ontlopen. Maar eens de zes maanden gepasseerd sta ik vruchteloos voor de kleerkast en blader er weemoedig doorheen. Net een fotoshoot van Harper's Bazaar:

OPRAH

onbereikbaar maar te mooi om niet te kijken. De zwarte tutu met elastiektaille – dramatisch garnituur uit een zangeressenverleden – springt mijn hand in. Hoera: met dat elastiek past hij vast nog! Ik trek hem opgewonden aan. Uit de spiegel kijkt een kruising tussen truckchauffeur en balletdanseresje in zware problemen me aan met een verwachtingsvolle blik…

Domme aanpak, weet ik nu. Van maat 34 naar maat 187 ga je niet zonder plan de campagne:

Fase 1 (0-3 m.): draag elk ingesnoerd, skintight, getailleerd item van strakke zomerjurk tot hooggetailleerde Dietrichbroek. Ik wil zelfs tuinieren in mijn trouwjurk, een knielang nauwsluitend jaren-1940-nummertje. Op onze huwelijksdrink zaten twee gayvrienden te plukken aan de wilde zijde en bezwoeren me mijn slanke lijntje nooit te verliezen. Ik beloofde het. Onbetrouwbaar beest dat ik ben.

Fase twee (4-5 m.): alles wat een taille suggereert. Het groene plisséjurkje dat buikjes camoufleert. De brede bandplooibroek van Dries Van Noten in zachtroze weefkatoen. Ik was er altijd wat te schriel voor. Maar in maand vier zou ze me met een witte blouse een nooit geziene smeltronde Zuid-Fransigheid hebben verleend.

Nu ja, dat schip is lang gevaren. Aan de barbaarse lijfinvasie van fase drie – strakgetrokken buik en cellulitisbil – waagden zich alleen wikkeljurkjes van goedkope merken, geërfde zwangerschapsbroeken met onflatterende buikstukken en een paar stevige soldensprokkels van Fragile (what's in a name?) en Queen Bee (realistischer maar niet flatterend).

Dat er een fase vier was wist ik niet eens, en ze klopt alles. Zelfs mijn hakken – het laatste vrouwelijkheidsbastion – moeten eraan geloven. Als je je voeten niet meer ziet, ligt een enkelbreuk één straat verder. Alleen jurken in model Vuilniszak houden dunnetjes stand, samen met ruitjespyjama's onder nauwelijks sluitende kamerjassen – dat laatste voor luieren op de bank. 'I am the walrus!', zing ik strijdlustig met The Beatles mee, pluk nog wat koekjeskruimels uit mijn decolleté en droom van een Doornroosjesgarderobe vol slapende kleren.

Kraamhorror

Als nóg iemand me had verteld wat te doen met de baby, had ik hen overhoop geschoten.

Kate Hudson

Zie ons. Drie hippe lunchende mama's en papa's. Alle angstvisioenen over vereenzamen met boreling vervallen: een sociaal leven met baby, het kan! Worteltjessabbelende Samuel zit bij the Man, Tanja houdt peuter Amon uit de klimplant, en ik zit vadsig en hoopvol naar de fantastisch afgeslankte figuurtjes van de vrouwen te staren en droom of Bebe later Amon of Samuel zal trouwen.

Alle smalltalk draait rond de kinderen. 'Zo Ledoux, waar ga je bevallen?', en ik antwoord nietsvermoedend: 'Misschien wel thuis.' Een plotse stilte boven de pasta vongole. Midspaghettislurp kijk ik op in vier verschrikte gezichten (the Man en Samuel gaan op in babytaal-verbroedering). 'Thuis?' zegt de een. 'Gosh,' zegt de ander.

Mijn casual disclaimers – ziekenhuis dichtbij, ervaren vroedvrouw, geen risico's – helpen niet. De progressieve vriendjes doen geschokt alsof ik racistische praat uitsla. 'Enneuuhh…' probeert er eentje, 'heb je dan de dokter in huis?' 'Of een ziekenwagen stand-by?' zegt de ander. Nee, dat hoeft dus niet. 'Vind je dat niet wat... onveilig?' vraagt een vader. 'Onverantwoord?' voegt zijn vrouw toe. 'Valt wel mee. Thuis bevallen is alleen ongewoon. Maar bij een eerstgeboorte is het even veilig, en veiliger bij tweede en volgende.' Ik zeg het rustig, al stijgt de zwangerschapsemotie me naar de waterige ogen bij wat nu komt. En ja hoor: 'Ik heb een vriendin', zegt Tanja samenzweerderig 'die wilde per se thuis bevallen. En die baby kreeg zuurstofgebrek. In het ziekenhuis was alles prima gegaan, maar nu is haar baby zo'n soort plantje. Hersenbeschadigd voor altijd.'

Sinds maand zeven loopt elke conversatie over bevallen zo. Mijn bolle buik doet bij toverslag gestikte baby's, doodgebloede moeders, gehandicapte kinderen, onherstelbare schade opdoemen. Ik hoor ze aan en werp bleekjes feiten tegen. Passief-agressief gekat – 'Ken jij de cijfers over onnodige keizersnedes in je leuke ziekenhuis?' 'Welke idioot heeft gezegd dat een hoogzwangere vrouw doorscheur-, kommer- en kwijlverhalen wil horen?' – slik ik in.

Mijn vroedvrouw lacht scheefjes. 'Je zegt het nog? Een hoop vrouwen verzwijgen hun thuisbevalling al snel.' Dat wil ik juist niet. Vertrouwd, rustig, spontaan bevallen, het lijkt me zo prettig. Alle statistieken geven me gelijk: mama, baby en papa varen er beter bij. Ik ben een apostel voor de Blijde Bevalling. Alleen marcheren de hordes dooie baby's en publieke veroordeling langs mijn geestesoog. Wat áls er iets misgaat? Slaat de aarzeling dan om in 'eigen schuld!'?

Wanneer die zondag Nederlands bezoek komt stort ik mijn hart uit over de kraamcontroverse. Ik word kordaat gerustgesteld. Niks van aantrekken, thuis bevallen is heel gewoon. Rozig tevreden laat ik me beleren. 'En werk je straks lekker thuis met de baby?' vraagt mijn bezoekster. 'Mja, één dag per week toch. Net als the Man. En Bebe gaat naar de crèche.

Deeltijds', benadruk ik, blij dat mijn kind me vaker kan zien. 'Eén dagje dan?', vraagt ze. Euh nee: drie. 'Drie *hele* dagen? *Oh.*', zegt ze fronsend. 'Vind je dat niet een beetjeuuhh... onverantwoord?'

Het is ook nooit goed.

***

Kraamverhalen

In vroeger tijden waren er geen honderd boeken of professionals te vinden, en moest je het voor je bevallingsverhalen hebben van de oudere en wijzere vrouwen in je omgeving. Het is voor de jonge vrouwen van toen te hopen dat ze geen horror te horen kregen zoals vandaag gangbaar is.

Babyboeken sussen je, maar zijn geen vooruitgang. Om maar weer die vreemde vergelijking te gebruiken: mijn seksuele voorlichtingshoofdstukken tijdens de cursussen Biologie toonden rare dwarsdoorsnedes vol zwellichamen, hormoonklieren en eierstokken. Ik vond het allemaal wat onsmakelijk. 'De daad' bleek daar uiteindelijk niets mee te maken te hebben. Op dezelfde manier heeft een bevalling niets te maken met dwarsdoorsnedes van zwangere buiken, klinische echo's in het ziekenhuis of zelfs de goedbedoelde poppen die mijn vroedvrouw door het geboortekanaal van een geraamte manoeuvreerde.

Zoals je vrijen leert al doende, leer je bevallen en borstvoeden door het te zien. Vriendinnen die voorspoedig borstvoedden, vertelden vaak dat ze hun moeder of een paar vriendinnen een tijd met een kindje aan de borst hadden gezien. Sommige geluksvogels kregen goedmoedige praktische raad van hun oma. Ik vind het daarom erg jammer dat bevallen in het Westen zo'n afgesloten zaak is. Geen kind weet hoe je bevalt. We sluiten onze vrouwen op met vreemden – hoe professioneel die ook zijn – voor een van de meest intieme daden in hun leven. Dat is niet alleen jammer voor jezelf, want een gynaecoloog, vroedvrouw of verloskundig verpleger met wie het klikt is eerder toeval dan regel, het benadeelt ook wie later zal bevallen.

'Onbevallen' vrouwen worden eigenlijk dubbel benadeeld. Enerzijds mogen ze blijkbaar niet weten hoe een bevalling voelt; er is geen zachtmoedige inwijdingsrite meer, de zovele tips die bestaan om bevallen makkelijker te maken, horen ze hoogstens mondjesmaat. Het gros van hun ervaring komt uit boeken of tv-programma's, die met een op spanning gerichte selectie en montage een bloederig en hard beeld geven van bevallen. Eek, dacht ik zelf als zwangere: wat is dat een enge boel. En jouw eigen euh... boel, die zich alleen voorspoedig kan openen in een atmosfeer van rust en vertrouwen, gaat op het moment van de bevalling natuurlijk helemaal op slot.

Het beleven van een bevalling geeft je een sneak peek op wat mysterieus en moeilijk lijkt vooraf en best doenbaar achteraf. Het toont je wat bevallen echt is: naast bloederig ook groots, naast moeilijk ook magisch, en een fantastische transformatie.

Een goeie tweede keus is dat we vrouwen echt inlichten over hoe bevallingen gaan. Niet de korte oneliners, wel het hele bevallingsverhaal zoals veel vrouwen het nadien opschrijven of graag willen vertellen. Daarin zit niet alleen sensatie. Het is een verhaal waarin rust- en gevoelsmomenten voorkomen, vertedering en kracht naast overweldigende pieken. Je hoort over hoe een bevalling vooruitgaat of pauzeert, wat het verschil maakte, wat andere vrouwen verlichtte. Je hoort nuance, geen horror.

Ook dat 'onveilig' thuis bevallen van mij verdient wat achtergrond. Dat het in Nederland zo vaak, en in België steeds vaker gebeurt, heeft juist met veiligheid en gemak te maken. Thuis ben je de baas, voel je je vertrouwd, hoef je niet in een auto door file of noodweer met de angst onderweg te bevallen. Geen dokter vertelt je dat je op je rug moet bevallen, wat je moet dragen of dat je niet mag eten. Niemand houdt de klok in de gaten of wil je aan een stel monitors leggen. De kans is veel groter dat je met je vertrouwde vroedvrouw bevalt dan met de wildvreemde gynaecoloog van wacht en dito verpleegkundigen.

Achteraf bood thuis bevallen meer keuze: van eten tot rust, tests tot dagschema: jij bepaalt wanneer en of het gebeurt. Je vroedvrouw maakt een dagelijkse afspraak. Je kraamhulp houdt intussen het huishouden gaande.

Statistieken weerspiegelen die nuances droogweg maar even duidelijk: bij een zwangerschap zonder contra-indicaties is thuis bevallen, zonder alle medische randapparatuur en kunde, even veilig bij een eerste. Vanaf een tweede bevalling is het zelfs veiliger om thuis te bevallen. Een echt dramatisch verschil toont zich in het aantal medische ingrepen. Dat ligt bij ziekenhuisbevallingen astronomisch hoger. Thuis moeten zowel jijzelf als baby gemiddeld veel minder medische ingrepen ondergaan.

Die allereerste nacht thuis kwam niemand ons checken, en konden wij gewoon slapen: ononderbroken en in ons eigen bed. Hoewel ik, met man en vers baby'tje tussen ons in, nog makkelijk een uur met de schemerlamp aan lag te staren naar dat kleine, helemaal zelfgemaakte schepseltje.

Over pijn, rust en ziekenhuizen

Hoewel wij van tv, boeken, en natuurlijk alle kraamverhalen horen hoe vreselijk en onverdraaglijk barenspijn is, wordt wel eens beweerd dat dat eigenlijk niet zo hoeft te zijn. Er zijn zelfs vrouwen die beweren dat bevallen pijn- en vooral angstvrij kan zijn. In hun visie zijn weeën geen pijnscheuten, maar een soort golven, gewone lichamelijke automatismen, samentrekkingen om jou en je kind letterlijk te verlossen.

Best een pittige stelling. Maar een en ander doet vermoeden dat ze minstens gedeeltelijk gelijk hebben. Sterker nog: sommige van deze vrouwen voelen een soort extase bij het krijgen van hun kindje. Bij een vraag onder vrouwen die zijzelf had helpen bevallen, rapporteerde een vijfde van alle bevallen vrouwen een extatische, orgasme-achtige ervaring aan vroedvrouw Ina May Gaskin. Dat lijkt veel vrouwen die bevallen zijn (niet in het minst mijzelf overigens) op het eerste gezicht compleet onmogelijk.

Intussen geloof ik het wel. Veel van deze geboorten zijn gefilmd. Geboortefilms die indrukwekkend zijn door rust, sereniteit en schoonheid. Er wordt niet geschreeuwd of afgezien; hoogstens wat gesteund. En het ziet er vooral naar uit dat er niet hoeft geschreeuwd te worden. Zo'n soort geboorte wens je elke moeder en elk kind. Soms baren die vrouwen voor het eerst. Soms hebben ze een klassiek soort bevalling achter de rug, en hebben ze zich voorbereid om het nu anders te doen.

Natuurlijk besef ik dat extase voor veel vrouwen echt een stap (of tien) te ver gaat. Mocht ik er ooit weer aan beginnen, dan wil ik er zelf best op hopen. Maar pijnvrij of orgastisch bevallen is niet de heilige graal van deze bevallingen. Wat die vrouwen vooral tijdens alle voorbereiding bij elkaar hebben gesprokkeld is veel zelfvertrouwen, rust en zelfbeschikking. Die zijn goud waard tijdens elke bevalling.

Ik sleep er weer even de (al dan niet vergezochte, bizarre of gewoon belachelijke) vergelijking tussen seks en geboorte bij. Want lichamelijk vertonen die behoorlijk wat overeenkomst. Beide doe je het best ontspannen en met vertrouwen. Bij beide gebeurtenissen maakt je lichaam oxytocine aan – het ontspannend, socialiserend knuffelhormoon, dat je tot liefde en zachtheid inspireert en je pijn stilt. De spieren die je voor het 'uitdrijven' van de baby nodig hebt, werken onwillekeurig en vanzelf, zoals ze het doen bij klaarkomen. Als je stress voelt en adrenaline produceert, wat je tot vluchten of vechten aanzet, staat dat haaks op het bevallingsproces. De natuur heeft als ingebouwde zekerheid, om je zonder gevaar te laten bevallen, een tegenreactie ontworpen. Voel je stress of adrenaline, dan stokt de hormonale 'bevallingsmachine', vallen de weeën vaak stil of vertragen ze. Dat is geen ramp en hoogstens frustrerend; er is dus geen reden voor epidurale verdovingen, kunstmatige oxytocine of welke kunstgreep dan ook – dat trekt wel weer op. Wel toont het hoe vertrouwen, zelfzekerheid, veiligheid ook biologisch en medisch belangrijk zijn om aan te werken.

Nochtans zet de standaard bevallingsomgeving niet bepaald tot ontspannen aan. Biologisch zijn wij geprogrammeerd om een kalme plek te zoeken, dimverlicht, ongestoord, waar we rustig kunnen bevallen. Daarbij stel je je wellicht niet meteen een tl-verlichte, drukke verloskamer met vreemden in een ziekenhuis bij voor die roepen dat je NU moet PERSEN, mevrouwtje.

'Zelf' bevallen kan moeilijk worden in die omgeving. Buiten de onrust die weeën doet stilvallen, kan je bevalling door een al te kordate gynaecoloog ook worden overgenomen. Het lijkt erop dat er in de medische wereld een tendens bestaat om een bevalling steeds rechtlijniger te zien: ze moet beginnen, steeds sneller gaan, en dan moet de baby komen. Dat is niet hoe het meestal gaat. Een doorsneebevalling kan evengoed met pieken en dalen, stilvallen en weer optrekken gebeuren.

Vaak heeft het stilvallen te maken met gevoelsfactoren. Er komt een verpleegster binnen die je niet prettig vindt, een dokter doet een inwendig onderzoek dat niet zacht genoeg is, je man wordt al te nerveus. Je maakt adrenaline aan en je lijf denkt 'Ho, gevaar. Stoppen met dat baren!' Het is een natuurlijk proces, dat best verstandig is. Als je je niet lekker voelt, ontspan je niet goed en is het moeilijker bevallen. Die doorslaggevende achtergrond lijkt in de huidige benadering van baren erg controversieel. Aan de ene kant zijn er de voorstanders van natuurlijk bevallen. Aan de andere kant de medische schare. De eersten laten je je gang gaan en vinden het allemaal prima. Dit is een benadering die achteraf weinig problemen oplevert. Wel zijn er een hoop trucs die een natuurlijke bevalling makkelijker maken. Niet alleen mechanische oplossingen zoals baarkrukken of waterbaden helpen je vooruit. Ook onverwachte humor, tederheid en begrip zijn middelen die je baargids – doula, vroedvrouw of andere partner – kan gebruiken. Natuurlijk bevallen is een kunst, die we nog lang niet genoeg onder de knie hebben, en waarbij rustig de boel laten gebeuren niet genoeg hoeft te zijn. (Al is ook dat geen wet van Meden en Perzen. Er bestaan blijkbaar meer dan genoeg vrouwen die zich in de badkamer opsluiten en met rust gelaten willen worden tot de baby er is.)

Anderzijds heb je de gemedicaliseerde bevalling. Het idee hier is dat bevallen een medische gebeurtenis is. Pas in retrospect is een bevalling er veilig te noemen. Dat zorgt voor een grote medische zorg, waarbij in het meest extreme geval elke hapering wordt opgevangen door een batterij aan mechanische hulpmiddelen of medicatie. De neiging 'over te nemen' bestaat bij veel gynaecologen ook vandaag. Een bevalling vol ingrepen of zelfs gewoon een bazig, regisserend medisch professional kan je als kraamvrouw dan het gevoel geven letterlijk 'verlost' te zijn; alsof het niet jouw bevalling was, maar die van de vroedvrouw, gynaecoloog of het medisch team. Heel veel kracht of vertrouwen put een mens daar niet uit. Hier wordt het psychologische aspect nog veel sterker uit het oog verloren.

Was ik supertevreden over mijn bevalling? Ja en nee. Al was ik thuis, zelfs mijn weeën vielen stil wanneer mijn vroedvrouw aankwam. Hoe vertrouwd de omgeving ook, mijn lichaam wilde de klus blijkbaar zonder haar klaren. Toen ze uiteindelijk voor de derde keer naar huis ging – in de waan dat 'het' er de volgende dag 'van zou komen' – besloot mijn dochter eens geboren te worden. Dat was best frustrerend.

Pas achteraf besefte ik dat ik een zee aan tijd, ruimte en rust had gekregen om te bevallen. Dat was geen marteling, integendeel: het was een bevrijding, en het maakte die frustrerende voor- en achteruitgang die de hele boel overschaduwde draaglijk. Ik hoorde verhalen van andere bevallen vrouwen, die zich tijdens hun bevalling aan de wetten en gewoonten van een ziekenhuis te onderwerpen hadden, en soms tussen de weeën door moesten onderhandelen met een gynaecoloog. Er waren beslissingen genomen over hun hoofd heen, die van medisch tot handig-in-de-planning gingen en van noodingreep tot routine of (al dan niet wijze) professionele gok liepen.

Waarover ik dus wel blij ben: ik ondervond tijdens mijn bevalling geen druk om sneller te bevallen, hoorde geen alarmbellen van verplegend personeel, er kwamen geen fronsen, bezorgde blikken of waarschuwingen, er werd niet gedreigd met slechte afloop. Vooral in de Angelsaksische wereld wordt zo'n bevalling stilaan een luxe; vrouwen krijgen nauwelijks meer de tijd die nodig is om te bevallen. Ingrepen zijn bijna standaard geworden, meer kinderen dan ooit worden operatief, via keizersnede ter wereld gebracht.

In Amerika zijn bevallingen dermate gemedicaliseerd dat er een tegenbeweging is ontstaan waarbij vrouwen ervoor kiezen zich goed voor te bereiden en zonder medische hulp bevallen. Voor zover cijfers bekend zijn van deze 'unassisted childbirthers', lijken ze in Amerika op een veel veiliger manier te bevallen dan in de (wellicht over)gemedicaliseerde reguliere sfeer. Ook in Europa, België, Nederland verhoogt elk jaar het aantal ingrepen.

Gynaecologen zijn het erover eens dat dit geen normale start is voor een kind, en ook niet voor zijn moeder. Beide hebben er nadien flink onder te lijden en herstellen trager dan van een 'gewone' bevalling. Kan het echt zijn dat dit nodig is? Hoe komt het dat als je alle zware risicogevallen uitsluit – die qua gezondheid en goede afloop veel baat hebben bij de medische infrastructuur en kennis die een ziekenhuis biedt – er in een ziekenhuis toch drastisch meer ingrepen noodzakelijk worden geacht, bij eenzelfde percentage kerngezonde vrouwen en foetussen in en buiten het ziekenhuis, dan bij een thuisbevalling?

De medische wereld begint te beseffen dat ingrepen niet ideaal zijn. Er wordt hard nagedacht hoe het aantal medische interventies terug kan worden gebracht. Tegelijkertijd lijkt de medische wereld steeds sneller te moeten presteren en steeds meer vast te hangen aan protocols die aangeven hoelang een bepaald stadium van de geboorte mag duren. In de opleidingen is steeds minder aandacht voor 'gewoon' bevallen bij 'niet-heel-standaard'-situaties zoals stuitligging of vaginale bevalling na keizersnede.

Het is mooi dat een gynaecoloog of vroedvrouw tijdens zijn of haar opleiding leert hoe moeilijkheden medisch te ondervangen zijn in probleemgevallen. Maar voorbij een bepaald punt lijkt medicalisering bevallen niet makkelijker te maken, maar een obstakel te gaan betekenen voor een bevalling die anders best zou lopen.

Vóór je bevalling kan een gesprek met je gynaecoloog nuttig zijn over welk standpunt hij of zij en het ziekenhuis innemen; welke ingrepen hij of zij aangewezen vindt onder welke omstandigheden. Je kan niet alles voorzien, maar het gesprek openen kan je op dezelfde golflengte brengen. Lees je in over voor- en nadelen van pijnbestrijdingstechnieken en ingrepen. Ook als je voor bepaalde ingrepen of pijnbestrijding kiest of moet kiezen, is het handig om mogelijke gevolgen te kunnen duiden en beter op te vangen.

Wie je omringt bij een bevalling maakt ook veel uit voor je eigen rust. Zorg voor een persoon naast je op jouw golflengte; iemand die jou genoeg kent om te weten wat je nodig hebt. Ook een prettige bevalpartner, die een bevallend lichaam genoeg kent om je ondersteunende technieken aan te reiken die verder gaan dan domweg pijnstillen. Een bad, een massage, zachte woorden gesproken in vertrouwen zodat je in jezelf kan keren en samen met je kind kan werken om het ter wereld te brengen, of juist een domme grap als er spanning gebroken moet worden. Het mooiste is iemand die de beide in zich verenigt – maar die luxe kennen nog weinig vrouwen vandaag. Vaak wordt het dus een combinatie van partner, familie, vriend, vroedvrouw en doula. Zorg ervoor dat alleen wie jij wil erbij zijn, en geef vooraf je wensen door aan hen. Tijdens een bevalling is het fijn als zij jouw wensen kunnen verdedigen. Als zij het gesprek voeren, hoef jij alleen – eventueel – de knoop nog door te hakken.

Doe bovenal wat nodig is, zodat je met diep vertrouwen in jezelf en de mensen om je heen – professioneel en geliefden – je bevalling in gaat. De ene vrouw kiest ervoor om in een ziekenhuis te bevallen, waar alle medische opvang, *just in case*, vlakbij is. Een andere vrouw vindt poliklinisch bevallen prettig, of zoekt de professionele geborgenheid van een moederhuis. Een ander merkt dat wanneer ze voor de vijfde keer van het ziekenhuis weer thuis is, de weeën weer beginnen. Zo'n kind wil thuis geboren worden. Bevallen met rust en vertrouwen kan overal, en is een kwestie van zowel persoonlijke keuzes, zelfkennis als voorbereiding. Keuzes die je, goed geïnformeerd, vrij bent om te maken.

DEEL 2
Geboorte

Baby's zijn zo'n leuke manier
om mensen te beginnen.

Don Herrold

Van baren weten

'Vlak na de geboorte', merkten ze op, 'leken de moeders in een staat van extase te zijn', en interessant genoeg werden de observanten zelf ook heel euforisch.

John Bowlby, psychiater

Oef, het kind is er. Even uitpuffen, hoor. Bevallen gaat niet in de koude kleren zitten. Of ik een thuisbevalling nu kan aanraden? Dat hangt ervan af. Weeënstormen zijn waarschijnlijk nergens echt een feestje te noemen. Maar koop je biologische eieren om de arme legkipjes, vermijd je pijnstillers en reis je solo? Blijf dan thuis en je eigen baas. Denk je liever niet na over je gekookte ei, kies je een strandvakantie en neem je bij verkoudheid een borrel codeïne en vijf aspirientjes als avondsnack? Ga dan voor het ziekenhuis mét begeleiding en fijne epidurale. Al ben ik over pijn best een pieperd, en sla ik een lekker strand ook niet af. Zo zie je maar: generalisaties deugen voor geen cent.

Nu koos ik wel voor thuis bevallen, en heb het geweten. Bleekjes laat ik me verzorgen door the Man, die een ietwat klunzige Florence Nightingale-impressie ten beste geeft. Nochtans liep ik amper een week geleden te stomen. 'Waar blijft dat kind?!' De telefoon stond rood, ik paste mijn voicemail aan: 'Er is nog geen baby, dus laat uw bericht maar.' Ik at ananas, dronk tonic, kreeg voetreflexologie en overwoog won-

AAAAAA
... NOG 5 KEER DUWEN ..
KALM AAN MAAR..

derolie. En kijk: vier dagen later heb ik weeën. Hoera: morgen is die baby er! Manlief timet netjes en belt de vroedvrouw, ik kreun. We zitten op schema.

Of niet. Twee dagen later kreun ik een stuk meer uitgeput. Ik herinner me duizend zwangerschapsboeken. 'Berijd de golf van weeën,' stond er. Maar het blijft verrekte pijn doen. Verder verandert er weinig: vroedvrouw (ontspannen) en the Man (angstzwetend) kijken toe als voor de Planckendaelse apenkooi. Na elke schreeuw zegt de vroedvrouw 'Suuuper. Goed zo.' Super, *my ass*. Ik bijt the Man een en ander toe. Hij belooft me alles. Had ik dat moment maar beter benut.

Op acht centimeter aangekomen mompel ik kwaaiig 'oh hoera', maar ben opgelucht dat het einde in zicht is. Dan vermoedt mijn montere vroedvrouw vertraagde weeën en vertrekt weer vrolijk als Mary Poppins. We zuchten desperaat en blijven ongelovig achter.

In bed timet hij allang niets meer. Hij mummelt: 'Probeer tslapen lievje. Weeën worre zo minder,' en zoekt asiel op de sofa. Ik beklaag me de nacht lang jammerend het thuisgeboortegebeuren: ik kan niet eens vertraagde weeën aan. Tot ik 's ochtends de douche onder scharrel en – help! – gil dat de vroedvrouw gebeld moet worden. 'NU!' Ik weet het zeker: hier is helemaal niets vertraagds aan!

Om de naturalistische details maar over te slaan: dìt doet pas pijn. Als een holbewoonster sta ik te bevallen: rechtop, zonder verdoving of begeleiding en doodsbang, onder die verrekte douche die geen zak helpt. Ik duw, omdat ik verdomme moet. Ik gil om thee, suiker en roep 'Als we dit ooit – OOIT – weer doen wil ik een epidurale!' Dat schijnt een klassieker te zijn, zo vlak voordat de baby er is.

Eindelijk is de vroedvrouw er. Ik hijg wanhopig dat ik

niet meer kan. 'Jawel hoor,' sust ze zonder opkijken. Ook dat schijnt elke vrouw te roepen. Ik bijt ondanks, of juist vanwege, de persweeën en 60 uur slapeloosheid: 'IK MEEN HET.' 'Nog vijf keer duwen,' zegt de vroedvrouw ietwat minder terloops. Het kan maar beter geen zes keer zijn. Ik duw uit alle macht, de halve douchecabine begeeft het, de vroedvrouw vraagt of ik een spiegeltje wil. Het is dat ik in een perswee zit, waardoor ik alleen tussen de tanden een soort 'nee' uitstoot over dit entertainmentaanbod. Ik duw. Mijn dochter valt in een overweldigende vloed mijn lichaam uit het leven in, recht in de armen van de net gehandschoende vroedvrouw.

Mijn kind huilt twee minihuiltjes, ik nestel haar tegen me aan. Ze pletst een nat handje op mijn borst en is meteen stil, net als ik; we komen thuis. Na drie dagen is ze in een uur geboren op kerstavond. Het klinkt allemaal geweldig bijbels. Het teken van een heerser, zegt vroedvrouw 2.

Ik word trillend opgelapt. Hoe vreemd: barenspijn is vanzelfsprekend, hechten wordt geëxcuseerd. Maar in mijn armen ligt een hoopje mens me onwezenlijk scherp en wakker aan te kijken. Vergeten is de pijn niet, maar hij is wel plots gestopt. En kan me geen bal meer schelen. Een bloeiend scheutje van mij en the Man – en wij opeens oudere bomen. We slapen zalig en ongestoord samen die nacht, Bebe tussen ons in. 'Kijk,' zeg ik blinkend tegen the Man. 'Dit heb ik gemaakt. Mooi hé?'

***

Had ik in het ziekenhuis de (goed: ietwat pijnlijke) luxe van het 'uithouden' gekregen? Dat is niet zeker. In ziekenhuizen gelden procedures; men heeft een idee van hoelang weeën of ontsluiting horen te duren (al staat daar bepaald geen tijd op en loopt het per vrouw en bevalling uiteen, van minuten tot dagen). In een ziekenhuis was me wellicht een infuus met kunstmatige oxytocine (of 'pitocine') aangeboden. Of opgedrongen – de grens tussen beide is soms onduidelijk in een medische setting, waar zoveel mensen het beter lijken te weten dan jijzelf. Pitocine stimuleert de weeën, vaak op een heel heftige manier, maar biedt niet de pijnstilling van echte oxytocine. Je krijgt de pijn dus vol binnen, moeilijker verdraaglijk dan op natuurlijke wijze. Gezien mijn reactie op mijn best bekende vroedvrouw, zou de vreemde omgeving mij, of toch mijn lijf, helemaal hebben doen dichtklappen. De dosis pitocine zou zijn verhoogd. Ik zou de pijn niet meer hebben kunnen harden, een epidurale verdoving hebben aangenomen, of er zelfs om hebben gevraagd. Epidurale verdovingen verhogen het risico op keizersnedes sterk. Ze brengen onder andere (maar niet uitsluitend) vaak bloeddrukverlaging mee, stagnatie van de weeën, een dip in de hartslag van het kindje. De toevoer van kalmerende en pijnstillende oxytocine valt stil, niet alleen naar jezelf, maar ook naar je kind; daardoor heeft je baby juist meer pijn tijdens de bevalling. Epidurale verdoving immobiliseert; dat zorgt voor tragere bevallingen. Doordat bloeddruk en hartslag worden gemonitord, je een katheder krijgt en dus meestal beperkt wordt in je bewegingen, verander je van 'bevallende' in 'patiënt'. Met een zo lang durende ontsluiting als de mijne was het risico erg groot geworden. Men zou wellicht tot keizersnede hebben beslist.

Het is een fictief scenario, maar wel een erg waarschijnlijk en een vaak voorkomend. Is dat een onnodige keizersnede? Nee, want het kind is in gevaar. Ja, want ik ben thuis zonder enig probleem – behalve flinke vermoeidheid, wat bij een keizersnede in het niets valt – bevallen.

'Ja hallo,' zegt u nu misschien, 'dat zuig je uit je duim. Je hebt geen idee hoe het zou zijn gelopen.' Enerzijds klopt dat. Ook in een ziekenhuis kan je, met enig geluk van jouw kant en tijd van de hunne, op een vroedvrouw stoten die je door dit soort weeën heen helpt. Een verpleegster die zich als de best mogelijke soort moederfiguur of vervangvriendin opwerpt. Een fysiotherapeute die je een bevallingshouding toont waardoor je er wel doorheen komt. Een gynaecoloog die je kundig gidst zodat je op een eenvoudige manier bevalt. De systemen zijn niet hermetisch afgesloten; al zijn de kansen kleiner, een ziekenhuissysteem garandeert geen medische bevalling; een thuisbevalling kan toch nog een flinke zweem medisch meekrijgen.

Anderzijds wisselde ik, sterk onder de indruk van ons eigen geboorteverhaal, bevallingsverhalen uit met andere jonge mama's, die meestal in het ziekenhuis bevielen. Wat bleek: ook zij waren flink wat bloed kwijt. Ook zij waren ingescheurd, of kregen een knip. Dat heelt moeilijker, maar is vaak nog gewoonte in het ziekenhuis. Ook zij vonden bevallen pittig. Wel ging het er anders aan toe. Hun bevalling was over het algemeen meer beregeld en met meer protocollen omringd – die van het ziekenhuis in kwestie. Sommigen mochten niet eten of kregen een klysma (veel vrouwen ontlasten zich vlak voordat ze bevallen; dat houdt de bevalling zelf vrij schoon en zorgt dat de baby je bacteriën meekrijgt – ja, dat is een pluspunt – maar sommige ziekenhuizen houden het liever clean). Als ze nuchter bleven, waren ze vaak verzwakt wanneer ze aan het persen moesten beginnen. Mijn lijf bleek zich niet helemaal op zijn gemak te voelen bij mijn vertrouwde vroedvrouw in mijn huiskamer, zij moesten zich in het ziekenhuis openstellen voor vreemden, op een heel intiem moment. Er waren veel meer ingrepen die achteraf vaak werden betreurd, zelfs pijnstilling. (Ook uit onderzoek blijkt die vreemde tegenstelling: vrouwen die voor een epidurale kiezen, noemen zich achteraf minder tevreden over hun bevalling dan vrouwen die natuurlijk bevallen, ongeacht van bevallingsduur en -moeilijkheid.) Er waren meer complicaties, die vaak uit de ingrepen zelf voortkwamen. Sommige vrouwen moesten op de rug liggen, een notoir moeilijke houding om te bevallen.

De eerste zorgen gingen ook volgens ziekenhuisregels. Na de ene bevalling mocht baby gewoon bij mama blijven, bloot op haar naakte borst, of werd standaard aangekleed; na de andere bij papa, nog een andere werd meteen meegenomen voor tests of zorgen. Er werden al dan niet kunstmatige-oxytocinespuiten gezet. De navelstreng werd onmiddellijk of na een paar minuten doorgeknipt, maar mocht zelden een halfuur of een paar uur uitkloppen. Het kind werd daarmee een reserve bloed die hem toebehoort ontzegd – zo'n honderd milliliter, het equivalent van een liter bloed bij een volwassene. Soms kon de baby meteen worden aangelegd en van de eerste pijnstillende melk vol endorfines genieten, soms moest hij een uur of uren wachten. De eerste uren na de bevalling zijn bovendien cruciaal voor hechting tussen moeder en kind; dit zijn keuzes die ertoe doen. De daaropvolgende ziekenhuisnachten waren onderbroken. Verzorgers en dokters wisselden af. Als er raad nodig was bij verzorging of borstvoeding wisselde die ook, per persoon.

Ook bij de ziekenhuisbevallingen waren er horrorverhalen. Soms door medische fouten, zoals het bij thuis bevallen kan gebeuren. Vaak door ingrijpen waar het niet hoefde. Er waren vrouwen wiens bevalling prima liep tot een geïrriteerde, ongeduldige gynaecoloog de boel wilde bespoedigen. Vrouwen bij wie de weeën stilvielen na inleiding, de hartslag van de baby kelderde, bij wie drie verpleegsters tegelijkertijd op hun buik zaten, wiens baby tangverlossingen of zuignappen te verduren kreeg. Er waren verhalen over bitse verpleegsters en bazige dokters. Mijn bevallingsverhaal klonk in vergelijking ronduit idyllisch. Ik had nooit gedacht dat bevallen zo erg kon zijn, zo'n bandwerk.

En eerlijk gezegd denk ik dat het dat ook niet hoeft te zijn. Ingrepen zoals forceps, vacuümpomp, keizersnede zijn ontwikkeld als noodgreep, en ook vandaag blijken ze veel minder vaak nodig dan ze worden toegepast. Wat het dringendst nodig lijkt, is een verandering van mentaliteit over baren. Een bevalling gebeurt idealiter zonder ingrijpen en druk zetten op de bevallende vrouw. Dat ze rust en vertrouwen krijgt op een plek waar ze ongestoord, kalm en met vertrouwde personen die haar raad en verlichting geven kan bevallen, is een basisvoorwaarde. Dat ze het zonder deze basisvoorwaarde nog kan klaren, is eerder een wonder dan een bewijs dat zulke rust niet nodig is. Bevallen is een groots ingrijpend proces. Het hoort met respect behandeld te worden, net als de vrouw en de foetus die erdoor tot moeder en baby worden getransformeerd.

Dat kan in een ziekenhuis; hoewel een aantal ziekenhuizen bevallen medisch blijft bekijken, doen andere ziekenhuizen hun best om een gemoedelijke, serene sfeer te scheppen in hun bevallingskamers en is er stilaan wat meer kennis over en respect voor borstvoeding. Vooraf kan je die sfeer polsen, en voor het moment zelf kan je een zekere buffer inbouwen met de mensen om je heen – vroedvrouw, partner, doula.

Heb je een arts en verpleegkundigen die wel tot rust inspireren, je vertrouwen vergroten, je met raad bijstaan en je tijd, respect en ruimte geven: prima. Zo niet kan je toch een fijne, rustige bevalling hebben doordat je 'beschermers' de inmenging zoveel mogelijk beperken en opvangen. Een vroedvrouw kan soms die steun geven, maar kan ook erg op de baby en/of het medische gebeuren gespitst zijn. De hulp van een doula – een wijze vrouw die je bijstaat bij de bevalling – is erg populair in de VS, waar de bevallingssfeer dermate medisch is dat haar steun erg nuttig is. Ook hier worden doula's steeds meer ingezet door barenden, en schieten de opleidingen voor doula uit de grond. Als je moeder of zus je steun of toeverlaat zijn, kunnen zij jouw 'doula' zijn. Maar je kan ook perfect iemand inhuren, als je er maar op vertrouwt dat die persoon jou steun zal geven zoals je 'm wil, en jouw wensen zal verdedigen als dat nodig is.

Wat ik zelf anders had gewild, sluit aan bij dat gevoel van vertrouwen. Ik wou dat ik me vóór mijn bevalling had ingelezen over hoe bevallen werkt en verloopt. Dat ik specifiek op diep zelfvertrouwen had gewerkt. Dat ik buiten mijn vroedvrouw – die meer dan ik verwachtte medisch aanwezig was – een vriendin of doula in de buurt had gehad die me goed aanvoelde en van baren wist. Zo had ik tips gekregen en was ik geholpen tijdens het barensproces, wat ik als vrij angstaanjagend ervaarde – zo nieuw, onverwacht en eenzaam. Mijn vroedvrouw was deskundig, maar voelde, ondanks de gesprekken tijdens mijn zwangerschap, op het moment zelf een beetje als een vreemde. Mijn man zat zelf zo 'in' de gebeurtenis dat hij me niet kon steunen; hij leed meer mee dan dat hij me actief hielp.

Steun krijgen zoals je die graag hebt, is essentieel als je

bevalt. Al kan dat evengoed betekenen dat je helemaal met rust wordt gelaten en iedereen van je af moet blijven. Het kan bij elke bevalling gebeuren dat de aanwezigheid van een ander niets verandert of verbetert, net als alle gedegen voorbereiding. Maar het is zoals bij een regenbui: een ongebruikte paraplu meeslepen, is een stuk minder vervelend dan doorweekt in de regen lopen.

Ondanks de ietwat spectaculaire toon van mijn bevallingsverhaal raad ik een thuisbevalling iedereen aan. Thuis zijn was geweldig, vooral onder deze niet vlottende omstandigheden. Als het een factor in de situatie was, dan juist omdat het de bevalling simpel hield, de ervaring redde. Doordat ik me veilig thuis voelde, kon ik tijdens de weeën doen wat ik wilde. Ik ken de geuren, vormen en inrichting van ons huis. Ik wist op welke leuning me te plooien, kende de geur van mijn eigen bed en de afstand tot de douche. Er was geen verrassingselement. De grootste test? Bij een volgende bevalling, of als ik het moest overdoen, zou ik evengoed thuisblijven. Waar anders zou ik mijn kind ter wereld brengen dan waar zij of ik ons het veiligst voelen: bij ons thuis?

Maar als je je veiliger voelt in het ziekenhuis, moet je vooral niet thuisblijven. Dat de keuze tussen ziekenhuis en thuis bestaat, is evident en waardevol. Juist omdat veiligheid en rust zo cruciaal zijn als je een kind ter wereld brengt, hoort het een keuze te zijn die elke zwangere vrouw zelf, met alle steun en begrip van haar omgeving, mag en kan afwegen.

Overigens hebben we nog vaak gelachen over dat etentje vol griezelverhalen. Juist een ziekenhuisbevalling had ons wellicht een fantastisch horrorverhaal opgeleverd. Bebe werd immers geboren tijdens één lange sneeuwstorm op Kerstavond. De wegen waren zo penibel ondergesneeuwd dat onze vroedvrouw nauwelijks op tijd ter bestemming raakte. Hadden we naar het ziekenhuis gewild, dan waren we onderweg gestrand tegen een telefoonpaal, of gestopt bij een bushokje en was ons kind geboren in een stalletje op kerstavond. Dàt had nog eens stof tot commentaar gegeven.

Hoe houd je de regie?

Hoe raak en blijf je in die bijzondere, haast afgezonderde 'space' die je nodig hebt voor een goede bevalling, waarin je natuurkracht het overneemt en je geest je klaarmaakt om moeder te worden? Bij een gemedicaliseerde bevalling is het een stuk minder vanzelfsprekend. Toch hoort een gynaecoloog niet zomaar 'over te nemen'. De barende bij elke stap van het proces betrekken, maakt een groot verschil in het vermijden van post-partumdepressie. Ook als het anders gaat kan en mag je trots zijn. Jouw kindje heb je maandenlang gedragen tot het klaar was om geboren te worden. Je hebt de beslissing genomen die als de veiligste oplossing voelde voor jullie welzijn. Niet het medisch team heeft jou verlost; jij hebt een baby'tje gekregen en ter wereld gebracht. En bepaald niet op de makkelijkste manier.

Buiten algemeen inlezen is het de moeite om de plek waar je gaat bevallen zorgvuldig te kiezen. Dat ziekenhuis- of bevalkamers leuk zijn ingericht is minder belangrijk dan reputatie en cijfers. Licht je in over hoeveel keizersnedes je ziekenhuis doet (een groot percentage kan wijzen op al te snel overgaan tot de ingreep), hoeveel kunstverlossingen, en wat zijn reputatie is wat soorten bevallingen betreft. Hoe staat men er tegen-

DE KUNST IS...
...JE MOET ZE NIET LATEN WINNEN...!

over rooming-in (je baby op de kamer – om een hele waaier van redenen een goed idee die eerste dagen, niet in het minst omdat zowat elke pas bevallen moeder behoefte heeft aan haar kind bij zich, en het kind al helemaal aan haar)? Check of er lactatiekundigen op de dienst aanwezig zijn, stand-by zijn, wat het borstvoedingsbeleid is: het lijkt vooraf misschien overbodig, maar kan je erg helpen tijdens die eerste dagen. Een kind met honger, een moeder met pijn, een kleine die de borst weigert omdat er 'alvast even' een fles is gegeven kunnen je kraamdagen onnodig moeilijk en soms verdrietig maken. Elk ziekenhuis zegt borstvoeding aan te moedigen, maar zelfs met een borstvoedingscertificaat gaat het soms wat moeizaam. Het nummer van een goed lactatiekundige is behoorlijk wat waard.

Zoveel vragen vooraf: moet dat nu? Nee, die voorbereiding kan je ook overslaan als dat je meer vertrouwen inspireert. Waar het om gaat is dat je bevalling een prettige gebeurtenis wordt, en je nadien snel goede hulp kan inschakelen. Een aangename start voor jou als mama, en voor je kindje in de wereld is erg veel waard.

Ik ben ervan overtuigd dat je aan een fijne kraamtijd en juiste info veel meer hebt dan aan een mooi geverfde, tot de tanden ingerichte babykamer. Met een paar pakjes en een stel luiers kom je een heel eind, ondanks alle checklists in babyboeken. De checklists die jou gelukkig maken en jouw noden oplossen: die maken het verschil.

We zijn medisch ver gekomen. Tijdens de zwangerschap worden jouw lichaam en je kindje gecontroleerd op mogelijke problemen. En als je wordt gerustgesteld dat het ziekenhuis problemen kan ondervangen, stel dan jezelf gerust dat jouw lichaam het gewoon prima aan kan. Vertrouwen in je dokter is fijn, maar vertrouwen in je eigen kunnen brengt je een stuk verder. Je erbij neerleggen dat je bevalling medisch zal moeten verlopen is niet nodig. Als je gezond bent, kan je lichaam dit doen. En als je gezondheidsproblemen hebt, zijn er veel oplossingen te vinden om medische kennis te combineren met een prettig, zo natuurlijk mogelijk lopende bevalling voor jou en je kindje.

Kraamafdelingen en gynaecologen redden veel mama's en baby'tjes die het vroeger nooit zouden hebben gered. Maar in erg veel gevallen hoeft een bevalling niet te worden gemedicaliseerd. Het vooraf vertrouwen geven aan vrouwen zou zorgkosten en kraamvrouwzorgen kunnen sparen. De gezondheid van veel moeders en kinderen zou erop verbeteren. Onze maatschappij zou tonnen ziektekosten en persoonlijk leed worden bespaard. Veel vrouwen zou een dik verdiende trots op hun lichaam worden teruggeven, een prachtige steun in tijden van photoshop, cosmetische chirurgie en maakbare lijven.

Is de vergelijking met seks, wat we vandaag hoog inschatten, meestal graag ondernemen en met plezier associëren overdreven? Misschien wel, en uit ervaring kan ik niet spreken. Mijn eigen lichaam was de angst nog niet voorbij bij mijn bevalling. Toen de weeën inzetten wist ik niet goed wat te verwachten. Ik kon alleen leunen op enerzijds schrikverhalen van dozijnen keizersnedes, horrorverhalen en andere bijna noodlottig afgelopen bevallingen, anderzijds de magere geruststelling 'dat het vast niet zo zou gaan', het even loze 'heb vertrouwen in je lijf, dat kan meer dan je denkt', of vrouwen die er het zwijgen toe deden om me niet bang te maken.

Mijn thuisbevalling maakte de een enthousiast, de ander ongerust. En ikzelf hing in een rare spagaat tussen de zekerheid dat ik dit kon, benieuwdheid naar mijn kindje en de grote gebeurtenis van het bevallen, en zelfs opwinding over al die verandering in mijn geest, lijf en leven. Aan de andere kant vroeg ik me af, geïnspireerd door de traditionele angst rond bevallen, hoe ik in 's hemelsnaam zo'n groot koppie door zo'n kleine opening moest krijgen.

Als je rekening houdt met de manier waarop we naar bevallingen kijken, is het geen wonder dat onze bevallingen met horten en stoten, en gigantisch veel pijn verlopen. Onze lichamen vechten ertegen en sluiten zich af, terwijl een bevalling vraagt om overgave, geloof in je natuur en vertrouwen in ons lijf. Vaak wordt gezegd dat we die connectie zijn verloren. Na mijn bevalling durf ik dat tegenspreken en omdraaien. Een bevalling is de manier bij uitstek om de trots op je lichaam, op je zijn, om jezelf en je connectie met de natuur terug te vinden, te herwinnen, te versterken. Mijn bevalling maakte me, veel meer nog dan seks, vrouw.

Nee, mijn bevalling was bepaald niet snel. Maar ondanks alle onzekerheid heb ik door deze bevalling een veel groter vertrouwen in mijn lichaam gekregen. Het maakte me trots en sterk. Bij het terugdenken eraan herinnert mijn lichaam me dat het ontworpen is om dit te kunnen. Dat besef dank ik aan mijn thuisbevalling, waarbij mijn lichaam en dat van mijn kleintje samenwerkten om alles op eigen kracht, ritme en tijd te laten verlopen. Mocht ik ooit weer bevallen, dan hoop ik ook de angst achter te kunnen laten. Ik ben benieuwd naar wat dat kan veranderen bij het baren, en vraag me af hoe de rust mijn lichaam zou doen voelen. Wie weet wat een bevalling dan kan zijn, naast indrukwekkend en levensveranderend mooi?

Dag 5

Dankzij hulp van verwanten kan een broedend paartje Vlaamse gaaien meer hongerige monden vullen en dus meer nakomelingen grootbrengen dan zonder die hulp.

Frans de Waal, bioloog

'Dag 5' schrijf ik in mijn aantekeningenboek, krabbelend met een ieniemieniekind op de arm. De echte datum ken ik niet meer; mijn tijdsrekening loopt Anno Bebe. In vijf dagen is er geen boek, telefoon, tv of pen aangeraakt. Boeken zijn gevaarlijk. Ik huiver, denkend aan Dorresteins kindermoordenaars, Kristien Hemmerechts' hardhandige moeders, alomtegenwoordige lijdende mama's. Overlopend van hormonaal instinct wil ik alleen gelukkig zijn en mijn kind tevreden houden.

De dag – pardon, het etmaal – is ongepland maar overvol. Elk moment duwt de natuurroutine me een taak in handen. De baby huilt; er wordt verschoond, rondgewandeld, gezoogd, gewiegd, gezongen tot in het holst van de nacht. Ik masseer pijnlijk harde borsten die plots instrumenten zijn, vervang – ajakkes – de kraamverbanden. Er wordt gevreesd voor borstontsteking, huilbaby, verkoudheid, ontaard ouderschap. Ik doe even niets: ouder en kind bekijken elkaar met wederzijdse verbijstering en minstens eenzijdige bewondering. Dan piept ze en begint de hele kraam opnieuw.

Er wordt gewassen: duizend minikleertjes en herbruikbare luiers. Het kind ziet er vlekkeloos uit; the Man en ikzelf vertonen een vrolijk melkkotspatroon. Kleden en wassen zijn optioneel; wij zijn maar volwassenen.

Er wordt gezoogd. Wat er supersimpel uitziet blijkt zowat kernfysica. Mijn vroedvrouw praat over 'toeschietreflex', 'tepelverwarring' en bezweert me haar goed aan te leggen. Ik knik verbijsterd en vraag me af wat 'goed aanleggen' betekent. In ieder geval is het niet wat ik doe; de volgende dag vloek ik van de pijn wanneer Bebe drinkt. SM'ers vinden pijn lekker omdat hij stopt. Waarom begin je er dan aan, dacht ik vroeger. Nu lig ik hier zelf vrijwillig af te zien. Tja, waarom? Omdat na negen maand zwellende buik en drie dagen bevalling het kind toch onverklaarbaar magisch blijft. Dus bijt ik op mijn tanden en neurie blasfemisch "t Is geboren het goddelijk kind' als ze nog een slokje navelstreng-light, Cuvée Ledoux wil. Ik maak melk en voed een mens. Toch wel knap van me.

Er wordt met de nasleep van de geboorte omgegaan. Dat een bevalling pijn doet weet iedereen. Maar de kraamweken erna – dat is toch rozig genieten? Euh, jawel. Als je met rozig de mix van alle lichaamsvocht bedoelt. Mijn hele lichaam schrijnt. Wie zijn toch die vrouwen die deze pijn snel vergeten? The Man wil vast nooit meer vrijen. Wat me niet slecht uitkomt: ik wil namelijk nooit meer bevallen.

Maar the Man toont onvermoede kanten, houdt zonder hulp (de socialistische kraamdienst geeft onsolidair verstek) een zwalpend huishouden halfrecht en toont verbijsterende stamina en een sterke maag. Op dag 4 ploft hij het bed op naast vrouw en boreling en zegt opgewekt: 'Ik heb net een naturalistische vuilniszak buiten gezet. Poep van het kind en de kat, massa's bloed van jou.'

Er wordt gezucht: wat is dit veel werk! Ik denk aan holenmoeders, mama's in ontwikkelingslanden, alleenstaande moeders, grote gezinnen. Wij in ons fijne huisje houden het haast niet. Hoe doe je dit in crisis?

En waar komt dat waanzinnig zorg- en bescherminstinct vandaan? In een oogwenk wil ik mijn leven laten voor een hoopje mens dat nog maar pas geboren is. Ik begrijp niets van mijzelf maar weet: ik ben voorgoed de leukste of mooiste thuis niet meer. Er is dit rozige mensje met haar onverklaarbare zwarte haar, blauwe ogen en vluchtige slaaplachjes. En ik heb nu al een eerste rimpel dankzij haar.

Kraamtranen

Er was me verteld over kraamdagen en kraamtranen, o ja. Bij alle kraambezoek dat ik zelf had gedaan in de loop der jaren had ik er nooit wat van gemerkt. De nieuwbakken moeder zat een beetje moe te glimlachen in een splinternieuwe pyjama, de vader schonk iets te drinken in, er stond een grote mand vol doopsuiker. Misschien hadden die vrouwen alleen een betere façade voor bezoek.

Ik merkte hoe bijzonder die eerste dagen zijn. Bijzonderder en heftiger dan wat je verwacht. Er valt veel samen. Het besef over je nieuwe gezin vormt zich. Je went aan dat kleine mensje. Je doet zo goed als niets wat je een week geleden deed, en zo goed als zeker niets leuks voor jezelf, behalve staren naar de baby. Je krijgt een stel spoedcursussen: Leer het Karakter van je Pasgeborene Kennen, Hoe Borstvoed Je Een Minibaby (ook alweer)?, Het Poept Nog Ook, Waar en Hoe Slaapt Baby het Beste? Het zijn een hoop dingen die erg gauw een automatisme worden, maar de eerste dagen moeizaam en tijdrovend kunnen maken. Daarbij komt dat een pasgeborene inderdaad 24 uur per dag leeft. Slapen, plassen, eten: het gebeurt in één moeite door, de klok rond.

Ook je lichaam verandert. Zelfs als je dat verwacht, kunnen de hormonen je verrassen. De high-hormonen verlaten in sneltempo je lichaam, de postnatale zorg- en rusthormonen trekken op als een vliegtuig. Op het hormonale kruispunt dat op de fameuze derde dag culmineert, komen kraamtranen niet uit de lucht vallen. Je lichaam recupereert nog van de net geleverde topprestatie. Meestal moet je flink bijkomen, soms van een meer dan gemiddeld zware bevalling.

Zelfs wanneer alles perfect loopt – en bij wie doet het dat ooit? – zijn je lijf, je gezin, je relatie, je dag in reorganisatie. Het is altijd magisch om nieuw leven in huis te hebben, vaak ontroerend en heel gelukkig. Maar makkelijk kan je het bepaald niet noemen, en meestal is het uitputtend.

Behalve als je werkelijk snakt naar een vol huis met rumoer, mensen en geklets kan het een goed idee zijn de eerste dagen voor jullie alleen te houden. Kraambezoek van je directe naasten kan eventueel, één of twee bezoekjes, maar hou ze kort en rustig. De kleine kan ook binnen een paar dagen, of twee weken bezichtigd worden. Als je bij elkaar bent, met z'n drieën en eventueel de andere kinderen, leg je een basis van verbondenheid. De kraamtijd is immers zwaar, maar ook een stilte voor de storm van de babytijd. Het is een belangrijke passage voor elk persoon in je gezin; een overgang om je nieuwe plaats in het gezin te vinden, om weer bodem te voelen na alle commotie, highs en lows. Het is een moment waarop de basis voor de emotionele samenhorigheid wordt gelegd tussen man en vrouw, die je nodig hebt in dat eerste jaar vol korte nachten, zorgen, genieten en verbaasd staan. Nu beseffen dat je samen aan dezelfde kar trekt, brengt je daarna ver.

Om dat te kunnen heb je kraamhulp nodig. Niet iemand die je even gezellig komt tonen hoe je de baby baadt of aankleedt en af en toe een afwasje doet. Al hoort dat er misschien bij, een goeie kraamhulp heeft geen sterrol. Ze werkt achter de schermen, zorgt ervoor dat huis en wasmachine blijven draaien en je straks geen massa werk in te halen hebt. Je privésituatie wordt gerespecteerd, het werk gebeurt op eigen initiatief. Jij en je man kunnen grotendeels in je breekbare coconnetje blijven zitten, samen met dat kleine nieuwe baby'tje. Er worden je geen regels of keuzes opgedrongen over hoe met je kind om te gaan, maar jouw wensen helpt ze te realiseren. En als je echt geluk hebt zegt je kraamhulp: 'Zal ik straks de koelkast ook eens goed schoonmaken?'

De 'kraamtijd' duurt bij ons een week lang of misschien twee. Dat is behoorlijk karig; zowat alle beschavingen rekenen traditioneel ongeveer veertig dagen. Er is een nieuw persoontje in je huis, dat plotseling de aarde leert kennen, jou en de andere gezinsleden. Je hele huishouden, gezin, leven verschuift. Je lichaam en geest hebben een break nodig. Herstellen duurt niet één, maar een aantal weken.

Ook ouderschapsverlof is momenteel veel te kort ingeschat. Vaders die na een paar dagen tot twee weken terug aan het werk moeten: die regeling is uitgedacht met fiftieslogica. We verwachten vandaag dat vaders betrokken zijn. Maar hoe kan dat, als je meteen weer achter het bureau wordt gezet? Hoe kan je een band vormen met een baby die je nauwelijks ziet?

Een kersverse moeder kan terug aan het werk als ze weer op de pootjes staat, haar gezin ook enigszins stabiel ziet worden, en er zin in heeft (dat laatste is meestal vooral barometer van de eerste twee). Voor de een is dat na een paar weken, à een paar uur per dag. Een ander heeft er een half of een heel jaar voor nodig, en kan beslissen om er nog een staartje aan te breien. Zes maanden thuis zijn bij je kind is geen luxe, en maakt je geen moederkloek. Buiten die ene probleemloze babymama, heeft het gros van ons minstens zes maanden nodig om van de grootste vermoeidheid te bekomen. 'Je lichaam heeft negen maanden nodig om te ontzwangeren!' vermaande mijn eigen vroedvrouw me talloze keren. Het duurt één tot drie jaar eer een stabiele hechting is gelegd met je kind. Een jaar mogelijkheid om weg te blijven is geen overdrijving. Sommige vrouwen zijn eerder klaar. Maar een standaardaanpassing, verruiming en verbreding van het kraam- en babyverlof is dringend nodig.

Tot de wetgever dat soort verstandige grote veranderingen invoert, bestaan er een heleboel nuttige attenties om het een kraamfamilie makkelijker te maken. In de meeste culturen is de overgang naar mama een groots gebeuren. Een aanstaande moeder wordt op de baring voorbereidt, ingewijd op een serene manier, en wanneer ze moeder is, wordt ze gevierd. Ze is nu een vrouw in alle volledigheid; het equivalent van een man die uit de strijd komt. Baren als overgangsmoment wordt bij ons uit het oog verloren, ten voordele van de baby. En waar wij de kraamvrouw vandaag vaak half vergeten en focussen op het kleine wezentje dat ze heeft gebaard, zou de kraamtijd een periode kunnen zijn waarin haar fantastische kunnen wordt erkend, haar nieuwe bestaan en status als mama gevierd en geprijsd.

Je kunt in plaats van nog maar een babycadeautje, de mama een geschenkje geven. Al wordt het, ten voordele van haar pasgeborene, op dat moment nauwelijks bekeken, het wordt meestal erg gewaardeerd. Een heel praktisch en haast altijd welkom geschenk is eten. Het is met kraamvisite een omgekeerde wereld: het bezoek komt drinken en taart of lekkers halen bij een familie die de handen meer dan vol heeft. Breng een schotel zelfgemaakt eten mee (zelf afgehaald mag ook). Beter nog zijn een paar of een heleboel maaltijden. Helemaal mooi: spreek af met vrienden en/of familie om elke dag, twee of meer weken lang, eten bij de kraamfamilie te brengen. Ook andere zorg is welkom: een (af)wasje doen, de andere kinderen een paar uur uit nemen of entertainen zodat moeder en baby een uiltje kunnen knappen, de huisdieren verzorgen. Doe het wel discreet, houd ongevraagde babyraad en andere opmerkingen voor jezelf, en laat de kraamfamilie met rust. Geef de verse was af aan de deur, hou het bezoek voor later. Al wat je discreet en zonder inmenging in het gezin doet, is welkom.

Tijds- en inspanningscadeautjes zijn veel waard in die eerste kostbare, maar moeizame weken. Uiteraard op voorwaarde dat ze echt tijd besparen en niet ten koste van urenlange beleefdheidspraatjes. 'Op bezoek komen' kan je later nog. Kraamtijd is een tijd voor hulp, en om kostbare rust te schenken aan wie het nodig heeft: de pasgeborene, zijn moeder, en hun gezin.

DEEL 3
Kraamtijd

Het belangrijkste is dat verpleegkundigen niet meer alleen de moeder als patiënt zien of de moeder en het kind als twee afzonderlijke patiënten, maar dat ze moeder en kind als één cliënt zien. Vlak na de geboorte zijn ze zó met elkaar verweven, ze zijn samen een unieke eenheid. Als je zo kijkt naar moeder en kind, ontstaat een heel andere situatie.

Prof. Dr. Marianne Riksen-Walraven

Weetjes na een maand

Dat ik toevallig een kind heb gekregen, wil niet zeggen dat ik een lobotomie heb ondergaan.

Lana Hilgers, schrijfster

Hoeveel weetjes een mens niet in sneltempo opdoet als ie een baby heeft. Je zou er eentje krijgen puur om de wijsheid die je per spoedcursus leert, eindeloze etmalen lang. In amper één maand heb ik al zoveel geleerd…

- Zeg nooit tegen je medeverwekker 'het ziet ernaar uit dat de nacht makkelijk wordt' of 'wat is hij/zij zoet vandaag'. De baby is erop ingesteld je dan realiteitszin bij te brengen.
- Trek nooit iets nieuws aan voordat je de baby verschoont, behalve als je babypoep en -plas over je kleren geen probleem vindt.
- Babypoep en -plas vind je sowieso al snel geen probleem meer.
- Natuurlijk is jouw baby de mooiste, liefste en leukste, maar houd dat voor je als je andere verwekkers in de buurt hebt. Vriendschappen zijn al voor minder gesneuveld.
- Zeg als vader nooit 'de bevalling liep behoorlijk makkelijk' binnen gehoorsafstand van de pas bevallene.
- Alle advies dat je krijgt zal aan de volgende criteria voldoen: verwarrend; tegen je geloof, principes of gevoel ingaand;

tegenstrijdig; kind- en/of ouderonvriendelijk; elkaar tegensprekend.

- De baby huilt wanneer: er aangebeld wordt én je naakt bent; je ondanks alle slaapgebrek eindelijk weer tijd en zin bijeenscharrelt om te vrijen; je onder de douche net je haar hebt ingezeept; je naar huis belt als er wordt gebabysit; je echt heel erg moe bent en het niet kan hebben; je baas/overbezorgde moeder/Kind & Gezin-consulente aan de lijn hangen; je slaapt (altijd).
- De baby slaapt wanneer: je hem in de draagdoek stopt omdat je echt naar buiten moet; je net een flesje klaar hebt na een kwartier huilen; je klaarwakker bent (altijd); elk moment dat jij buiten bereik bent.
- Laat het kind alleen opgepakt worden door wie je instinct je het toelaat. Het bedriegt je nooit.
- Wees erop voorbereid dat weigeren de baby te laten vasthouden eeuwenlange familievetes veroorzaakt.
- Het moment dat de baby na uren wiegen net in slaap is zal onherroepelijk een van de volgende dingen gebeuren: telemarketeers bellen op; de kat sprint luidruchtig over, in of op de wieg; er valt iets érg zwaars érg hard érg dichtbij; je dove groottante komt boven het wichtje hangen en roept 'KIELEKIELEKIELE'; in plaats van de 'uit'-knop van de tv druk je de 'aan'-knop van je gigantische stereoketen in; de postbode negeert het briefje 'NIET AANBELLEN BABY SLAAPT' door langdurig op je schelle deurbel te drukken; de hemel valt in.
- De baby zal alleen willen slapen, eten, en in het algemeen leven op de manieren die Kind & Gezin, je pediater en (schoon)moeder strikt afkeuren.
- Nadat je je minstens negen maanden uitstekend, vaak en

gulzig hebt gevoed, zal je nu minstens negen maanden blij zijn als het dichtstbijzijnde eetbaars in je mond gepropt raakt.

- Anticonceptie is iets wat je een hele tijd niet meer zal vergeten. Al is de beste anticonceptie voorlopig de baby zelf.
- Het aantal luiers dat je nodig hebt wanneer je uit gaat met baby is het aantal dat je meeneemt + 1. En bij overvloedige provisie de keer daarop: geen enkele.
- Elke babymoeder die je tegenkomt na een slapeloze nacht zal je verzekeren dat haar uk de hele nacht doorslaapt, de hele dag lacht en het alfabet kan opzeggen op amper twee maanden oud.
- Alle pluisjes ter wereld worden gefabriceerd in de plooien van babyvingers en -teentjes.
- Een kind krijgen is zoals je eerste liefde: een even heftige ontdekkingstocht, even overweldigend, even hard, en even mooi.

Huilen

Kinderen opvoeden is half plezier en half guerrillaoorlogsvoering.

Ed Asner

Ze huilt. Mijn rozige rustige baby die de hele dag netjes dronk, sliep, poepte en tussendoor met een open gezichtje en grote ogen mijn gezicht instudeerde huilt. Melk spuwt ze uit, poepen lukt niet meer. Voor slapen is ze te hongerig, ze valt drinkend in slaap. Onrustig, noemt de vroedvrouw het. Onrustig? Dat ben ik bij naderende deadlines. Dit is een sirene. De vroedvrouw raadt inbakeren aan, vermoedt koemelkallergie en voedselgevoeligheid. Ik schrap de helft van mijn dieet. Bebe blijft huilen.

Vlak voor haar follow-upbezoek valt Bebe in katzwijm. Zoals elke professional wiens raad wordt afgekeurd, vindt de vroedvrouw mij sowieso verdacht. Mijn roodbehuilde ogen naast Bebe's diepslaap doen haar helemaal fronsen. 'Dat kind voelt gewoon jouw spanning,' zegt ze. 'Maar ik BEN helemaal niet gespannen,' piep ik totaal panisch. 'Ook goed. Dan is ze een huilbaby,' zegt ze laconiek.

The Man vertrouwt ze toe dat ik overbezorgd ben en de deur uit moet. Help! Er dreigt moederkloek-itis. Daarvoor offer ik gerust mijn twee uur slaap overdag op aan stevige

OOUUÍÍÍÍÍÎNNN
SNIF

wandelingen. Drie dagen later vindt de collega-vroedvrouw me oververmoeid. Ik produceer vast te weinig melk voor Bebe. Slapen op voorschrift; dat is al beter. Al gauw stromen er riviertjes melk uit mijn borsten. En Bebe? Die drinkt, kotst en... huilt.

Dat weekend schrikt the Man zich verrot wanneer hij Bebe's inferno live meekrijgt. De optie 'overbezorgd' wordt geschrapt. Ik zou graag triomfantelijk en verongelijkt doen, maar ben druk aan het bakeren, wiegen, zingen, bladeren door *De Babyfluisteraar* en *Ouderschap voor Dummies* en zelfs aan het babyforums afzoeken naar wat mijn kind tergt en hoe ik het verhelp. Wat doet mama? Mama speelt Dr. House.

Baby's slapen minstens zestien uur per dag, leer ik. De mijne kijkt me zorgelijk ogenwrijvend aan. Beseft ze zelf dat ze dat lang niet haalt? Ik speur haar krijsende lijfje af op zoek naar een antwoord. Reflux? Krampen? Allergie? Een baby communiceert via huilen. Ik, domme lompe moeder, begrijp niet eens mijn eigen kind.

Op dag tien zijn we zombies en vreet het oorspronkelijke huiluurtje zich de klok rond. We trekken gedrieën naar de spoedafdeling. Het sneeuwstormt. 'Is dat niet gevaarlijk?' vraag ik nog, maar the Man is vastbesloten en slaapdronken. 'Zelfs als we tegen een boom rijden, raken we in het ziekenhuis.'

Er moet een stel peuters op de vuist zijn gegaan, want Pediatrie is de hotspot vanavond. Een jonge dokter gidst ons de (enige vrije) griepruimte binnen. 'Volkomen veilig, hoor!' verzekert ze ons. Het kamertje is volgeblokletterd: 'ISOLATIE'; 'NIET BETREDEN!' Voel ik me even veilig, zeg.

De pediater komt eindelijk terug. Tot onze grote verbazing luistert ze, in tegenstelling tot elke professional die we tot dusver ontmoetten. Bovendien, al ligt Bebe door de autorit alweer uren te tukken als een oma in een schommelstoel, gelooft ze zelfs ons verhaal. Bebe noemt ze een bijzonder rustig kind dat niet zomaar huilt. Waar of niet, dat soort praat scoort punten bij jonge ouders. The Man grapt opgelucht flauwigheid terwijl we met z'n drieën wachten op de testresultaten. Op nul uur slaap vind ik hem nog grappig ook.

De tests brengen uitsluitsel. Halverwege de nacht stappen we gewapend met een voorschrift de nacht in, op zoek naar een apotheek van wacht. De jonge pediater zien we samen met ons buitenglippen in burger. Ze glimlacht verontschuldigend. 'Ik wou zeker zijn dat het goed met haar ging', zegt ze. De sneeuw voelt prompt een stuk warmer. En we vertrekken weer, door honderdduizend vlokken, hopend op stille nachten.

Een ziek kind is om gek van te worden. Hoe priller het kind, hoe erger. En hoe gekker het jou maakt. Dat maakt de zoektocht naar een oplossing niet makkelijker, want een gekke ouder lijkt voor de meeste dokters een stuk minder betrouwbaar als informatiebron. 'Overbezorgd' is een populaire diagnostiek.

Weet je echt zeker dat er iets schort, ga dan evengoed op zoek. En houd, hoe extra gekmakend die optie ook is, de mogelijkheid open dat er juist aan jou wat schort. Dat hoeft niets ernstigs te zijn. Een baby neemt snel stemmingen van jou over. Jij bent zijn waaksysteem, de maat waaraan hij de werkelijkheid ervaart. Via jou weet hij of de omgeving veilig is en het moment prettig. Al zijn er baby's die erg gelijkmatig zijn en het ergste schoonvaderlawaai of heftige moederzenuwen voor lief nemen, de meeste voelen je haarfijn aan. Versnelt jouw hart, dan wordt hij onrustig. Ontspannen je spieren, dan valt hij in slaap of blijft hij rustig. Ben je onrustig en nerveus, dan willen zij vaak gaan hangen en huilen. Mijn pasgeborene nam voortdurend de temperatuur van mijn eigen stemming.

Natuurlijk voel jij evengoed je kind aan als omgekeerd. Bij wie de onrust begint, is in het begin nog moeilijk te bepalen – en dus ook of de kleine ziek is, of jij aan het eind van je Latijn. Een doktersbezoek is bij een pasgeborene geen luxe als je interne sirenes afgaan. Een tweede doktersbezoek ook niet, als de eerste je afwimpelt of niet geruststelt.

Bij ons bleek er wel degelijk iets aan de hand. Na een eerste rustige week, was Bebe's gedrag zo gekeerd dat we aan de alarmbel trokken. Hoewel het nog maanden – lange, slapeloze, uitputtende maanden – duurde eer we helemaal wisten wat er aan de hand was, voorkwamen we zo een ziekenhuisopname en een verergerende toestand.

Omgekeerd heeft het zin om voor jezelf te zorgen. Ik moet zeggen dat ik die frase haatte in mijn kraamtijd. Iedereen had mooi praten. Maar hoe 'zorg je voor jezelf' als zo'n klein wurmpje voortdurend jouw zorg nodig heeft? Tja, met kleine dingen dus. Netjes (proberen te) slapen als de kleine slaapt of wat ontspannends doen, maar de was voor een ander laten of gewoonweg laten opstapelen. Jezelf met evenveel liefde als de baby, en weinig haast behandelen. Aan je partner een knuffel vragen, en wat soloslaaptijd terwijl hij na een voeding met je frummeltje in de draagdoek wat gaat bonden.

Na een paar maanden, wanneer je pas bevallen lijf wat op zijn plooi is gevallen, is een massage aan huis, een saunaatje of iets anders lijfelijks een fijn cadeau. Samen met je baby kan je naar het zwembad of een simpele wandeling maken; zolang het maar ontspannend is en je oplaadt, is elke bezigheid goed. Aan zwaar sporten heb ik nooit tijd besteed na de geboorte.

Hoewel ik van sporten hield, wou mijn lijf er na het bevallen niet aan. Ik wandelde meer dan genoeg rond, bleef bezig: dat was me genoeg. Door mijn lichaam tijd te geven voor herstel en het goed te voeden, merkte ik hoe het langzaam teruggroeide naar zijn natuurlijke vorm. Als je borstvoedt, heb je sowieso een hulpmotortje, dat bijzonder snel vet verbrandt en je trouwens een heerlijke eetlust geeft. Geef daar van ganser harte aan toe; je kan de energie en voedingsstoffen even goed gebruiken als tijdens je zwangerschap. En gun jezelf vooral ontspanning, in de weinige rusttijd die je krijgt.

De wereld bestaat

Weet je wat het is met een baby krijgen – en ik ben vast niet de eerste die dat heeft gemerkt – dat je 'm daarna hébt.

Jean Kerr

Ik zit erdoor. Nachten van drie uur, een zieke Bebe, honderd adviezen en geen hulp – mijn kraamtijd is bepaald geen Prémamanreclame. Waar ben ik aan begonnen? Wat als dit blijft duren? Ik bel huilend the Man die, gelukzak, op het werk zit. Pas bij de vierde telefoon neemt hij op. Hij neemt die nacht over, spreken we af. Het kind slaapt uitgerekend die nacht op één voeding na door. Hij staat fluitend op en noemt babyzorg een eitje. Mijn blik spreekt boekdelen, want hij corrigeert. 'Wil je nog een paar uur vrij, liefje?' O ja!

Hoewel. In die paar weken blijk ik tot blubberend mamabeest verworden. Een halfuur wordt gevuld met afscheidssessies, een hoop kussen en verzaligd gesnuif aan haar hoofdje. Hij duwt me ten slotte de deur uit. Ik adem verbaasd de stadslucht in; de wereld bestaat nog, onveranderd. Prozacvrolijk stap ik de vrijheid in. Een halfuur later bel ik uiteraard the Man. Alles gaat goed, ik mag best langer wegblijven. Stel je voor zeg: ik ben misbaar. Het voelt merkwaardig, maar niet onprettig. Zouden er nog solden overblijven?

In een volgestouwde kleedkamer overvalt me plotse paniek.

Ik bel opnieuw, mijn kind piept misnoegd. Dacht ik het niet! Ik schiet mijn kleren aan, rep me naar buiten, krijg dan een sms: 'Ze is weer happy. GA SCHRIJVEN!' Oh, nou oké. Misschien toch een koffietje drinken dan.

Lekker zeg, zo ongestoord schrijven. Ik vergeet er bijna de tijd van. Snel even bellen hoor. Hij laat me de ademhaling van het kind horen. Ik smelt bij haar zachte slaaphijgjes tot één postnatale plas vertedering. Dan doe ik nog even niets, en dat voelde nooit zo zalig luxueus.

Snel een zekerheidsbelletje aan de kassa. 'Mama! Waar ben je?' schreeuwt mijn kind in lange elektronische halen. Oh, ik ontaarde moeder! Ik gooi het geld de toonbank op en zeg onbedoeld theatraal: 'Er wacht een baby'tje op mij!' In een glimp zie ik wachtende moeders aan de kassa scheef maar herkennend glimlachen en de andere klanten bevreemd kijken. Ach wat, als ik terugkom zonder wallen, met gewassen haar en kleren zonder vogelverschrikkersallure ben ik toch onherkenbaar. Ik rep me naar de halte, waar de bus – schande! – tien minuten te laat komt. Als een Duracellkonijn wip ik het korte traject lang en sprint de honderd laatste meter naar thuis. Mijn recent bevallen lijfje kan het nauwelijks aan. Daarvoor dient dat zwangerschapsvet dus: om naar de wachtende zuigeling te rennen.

Eenmaal thuis hoor ik Bebe tieren achter de voordeur. Papa maakt haar voeding klaar; zij huilt ontroostbaar eenzaam in de relax. Ik druk haar aan mijn bonzend hart, ze zwijgt en vergeet van slag de honger nu het MamaMens terug is. We zuchten allebei verzaligd. Vijf minuten later voed ik haar en beloof haar nooit, nee nooit meer te verlaten. Op haar huwelijksnacht zal ik aan het voeteneind vlaggenzwaaiend roepen: 'Hup Bebe, ga ervoor!' Mijn dochtertje, nietsvermoedend van de naderende mismeestering, knijpt met minihandjes in mijn zij en snurkt in volmaakte tevredenheid.

Baby's en moeders hebben een grote instinctieve hang naar elkaar. Zoals in een wilde, blijvend durende verliefdheid voel je de nood om elkaars lichaam te voelen, die kleine adem te zien bewegen, het gezicht van je kind in te drinken.

Nochtans roept men al snel 'vergeet je eigen noden niet!' 'ga toch eens lekker uit met je man' of 'ze moeten er wel aan wennen dat je weg bent, hoor!' (vooral populair bij grootouders die tuk zijn op babysitten). Maar al herinner je je vrije tijd als iets heerlijks, wat jij wil en als nood voelt, is meestal aan dat kleine mensje plakken. Na die eerste keer weggaan liet ik de babyadviezen voor wat ze waren, en bleef thuis zolang ik zelf geen zin had om weg te gaan. Dat duurde een hele tijd (de babysitgrage grootouders boudeerden). Waaraan ik en the Man nood hadden was nog maandenlang slaap, niet uitgaan, intimiteit, geen restaurants. Op commentaar zeg ik nu monter dat 'ze' er wel aan went dat ik weg ben. En voeg er grijnzend aan toe: 'Ooit.'

De eerste weken en maanden komt dat geplak niet uit de lucht gevallen. Je hormonen nodigen je uit om precies te doen wat jou en je kindje goed doet: elkaar leren kennen, je kindje voeden en bij elke voeding een weldadig shot postnatale hormonen krijgen. (Ook als je niet borstvoedt, maak je beiden een beetje hormonen aan bij lichaamscontact met je baby'tje.) Een flesje is snel doorgegeven en opa's, oma's en andere flesgrage vervangers staan vaak te popelen om ook te mogen. Als voordeel aan flesjes wordt vaak gezegd dat ook papa ze kan geven. Dat kan, maar daarbij houdt het ook op. Bovendien is het verwarrend voor een boreling: die hecht zich aan één persoon, en verschillende flessengevers verstoren de hechting aan zijn moeder. Juist bij flesjes is het belangrijk dat je baby'tje jou, en na de eerste drie maanden – vanaf dan komt papa in beeld – zijn vader als betrouwbare verzorgers en enige echte ouders ziet. De broodnodige binding, die zijn vertrouwen als mens inspireert en die hij via de borst krijgt, imiteer je door exclusief flesvoedingsgedrag. Door kleinere flesjes op vraag te geven zorg je ervoor dat je kindje je warmte regelmatig voelt bij voeding, meer dan bij grote flessen die zo weinig mogelijk worden gegeven. De connectie mama-eten doet goed en mag een baby zoveel mogelijk voelen. Bovendien is het beter voor zo'n klein maagje. Knuffel ook zoveel mogelijk, hang aan elkaar, en neem zoveel mogelijk van die voedingshormonen mee. Jullie hebben ze eens zoveel nodig.

Baby en moeder worden in medische literatuur vaak een dyade genoemd – een geheel uit twee delen. Je hoort bij elkaar, nog een hele tijd na de geboorte. De navelstreng is doorgeknipt, maar de verbinding is intact. Die drang doet je psychologisch, maar ook lichamelijk allebei goed. De hartslag, temperatuurregeling en ademhaling van pasgeborenen zijn nog niet helemaal stabiel. Met jouw lichaamscontact kan je die functies reguleren. Emotioneel stelt je nabijheid je kind enorm gerust. De aanmaak van stresshormoon wordt sterk verminderd, waardoor je kindje meer energie over heeft voor groeien, drinken, ontwikkelen; en zijn volop ontwikkelende breinconnecties die minder de richting van angst, en meer die van weldaad uitgaan. Zelfs voor premature baby'tjes zorgt kangoeroeen vaak voor een sneller herstel dan couveuseliggen.

Jijzelf hebt ook deugd aan lichaamscontact: het contact met je kindje heeft een beschermend effect tegen post-partumdepressie. Vooral na een medische of ingewikkelde bevalling kan het lichamelijk contact met dat minilijfje verbazend

ALS ZIJ DRAAGT:
AFRIKAANSE TOESTANDEN
HIPPIE
NIET NORMAAL...
HARTSTIKKE ONGEZOND...
ALS HIJ DRAAGT:
OOOWW... LIIIEFF!!
ZÓ SCHATTIG!
HIP EN STOER...
EN TOCH ZORGZAAM!

helend werken. Het fijne van de postnatale binding kennen we nog niet, noch alle voordelen aan veel, overvloedig en intiem contact tussen de (ook na negen maanden nog steeds prematuur geboren) baby en zijn moeder. Maar dat hoeft ook niet. Gewoon weten dat het bijzonder goed is voor jullie allebei, dat het je kind in elk opzicht toestaat om te groeien en te gedijen, en jou gezond houdt: dat is wel genoeg.

Heel soms voel je als mama niet de lichamelijke hang of aandrang naar je baby'tje, of minder. Soms heeft dat te maken met een traumatische en/of heel medische bevalling, met een depressieve aanleg… In de hersenen van mama's die hun kindje na de geboorte niet zien, wordt een systeem in gang gezet van rouw. Als er geen baby is, gaat ons brein ervan uit dat er een miskraam is. Wanneer de baby uren of een dag later bij de vrouw wordt gebracht, is het instinctieve moment van binden soms al voorbij. Sommige moeder-babyparen herstellen zich heel snel van zo'n scheiding. Bij anderen is het pijnlijk gemis. De binding kan trager verlopen, de borstvoeding moeilijker, de verliefdheid op je baby is soms niet vanzelfsprekend. Er zijn organisaties die je in deze situaties kunnen helpen, met liefdevolle steun. Neem contact op met een therapeut, een ondersteuningsgroep bij post-partumdepressie of hechtingsproblemen. Je ziekenhuis, pediater of huisarts kunnen helpen met adressen in je buurt.

Ook je eigen verleden kan zwaar wegen. Een peutermoeder vertelde me dat zij bij de geboorte van haar dochter moeite voelde om haar kind op te pakken, warmte te geven, zelfs te voeden. Het was een tweestrijd die ze herkende. Zelf had ze weinig warmte gekregen van haar ouders, haar jeugd was hard en haar opvoeding zakelijk. Gelukkig was ze zich hiervan bewust. Ze besefte hoe belangrijk die eerste dagen, weken, jaren voor haar dochter zouden zijn. Omdat ze haar kind een betere start wilde meegeven, had ze zich eigenlijk geforceerd: om het kind bij zich te nemen, haar te knuffelen tegen die vreemde emotionele weerborstel in, te reageren op haar noden en vragen, haar vaak te voeden. Ze had geprobeerd om zo sensitief mogelijk haar dochtertje te leren kennen. Gaandeweg ontwikkelde zich bij haar ook de zin om liefde te geven. Ze ging genieten van het lichamelijk contact. Haar kind en zij hechtten zich steeds meer.

Ze vertelde me dat ze sterk gelooft dat die eerst onwillekeurige hechting haar had geholpen een post-partumdepressie te voorkomen. Ze voelde zich aanvankelijk donker en had het moeilijk vlak na de geboorte. In zekere zin 'hechtte ze zich weg' van die gevoelens. Volgens haar had niet alleen haar dochtertje gedijd door het weldadige contact, maar had het ook een leegte gedicht die haar jeugd had geslagen.

Bij post-partumdepressie kan borstvoeden minder vanzelfsprekend lijken, maar is het aan te raden. Borstvoeden beschermt je baby van de invloed van de depressie, die bij flesgevoede baby's veel heftiger is. Ook bij jezelf maakt borstvoeding extra hormonen aan, die depressie tegengaan. Hoewel veel dokters standaard medicatie in combinatie met borstvoeding afraden, kunnen bepaalde medicijnen gecombineerd worden met borstvoeding, ook goed gekozen medicatie tegen depressie. Check daarvoor de medicatielijst op borstvoeding.com, neem contact op met een gecertificeerd lactatiekundige, of met een vrijwilliger van La Leche League.

Borstslag

De problemen die vrouwen hebben met borstvoeding worden niet door het voeden zelf veroorzaakt, wel doordat onze maatschappij onderhuids nog vijandig staat tegenover borstvoeding.

Mary Renfrew,
professor in moeder- en zuigelingengezondheid

Zo stilaan recupereert een mens van die eerste slopende maanden. Geen beter moment om het meest omstreden aller babythema's aan te snijden. Bent u er klaar voor? Tromgeroffel… borstvoeding! Waren ze er een paar maand geleden puur voor de lol, nu zijn mijn borsten tot slagveld verworden.

Sommige vrouwen willen het nooit: te bestiaal, onpraktisch of uitputtend, of omdat 'leegzuigen' eng klinkt. Maar vandaag lijken vrouwen massaal te baren om borstvoedmama te worden. Zo ook ik, al moet het idyllische sabbelplaatje snel worden bijgesteld. Hapt de baby niet correct aan, dan krijgt moeder tepelkloven. De vroedvrouwen spijkeren mijn onkunde bij; Bebe en ik gaan druk oefenen. Het kind hapt zich een ongeluk, maar de kloven en frustratie groeien. Twee lactatiedeskundigen en stapels La Leche League-info verder is mijn luttele slaap gedecimeerd, worden eerst mijn borsten – stafylokokken of spruw? – dan hun productie betwijfeld en dan opgekrikt door melkthee, kruiden en welja, zelfs trappist.

Doodop en eerlijk gezegd, licht beneveld, lig ik in bed te huilen. Bebe wil constant drinken, mijn borsten staan propvol gespannen. Het tepelhoedje, een dubieus pijnbestrijdend instrument, vult zich nu met melk én bloed. Het kind laat los en kijkt raar. Haar eerste zoute hapje, denk ik donker.

Niets dan miserie, dus waarom stop ik niet? Voor de antistoffen, omdat de kraamhulp aandringt of door de borstvoedingsrevival? Omdat de hele wereld het als de gezondste keuze ziet? De enorme sociale druk die erover heerst is ook reden genoeg. Al sla je sloten cola en koffie binnen als borstvoedmama, het is nog steeds de flesvoedster naast je die ontaard lijkt.

Mijn grootste reden is nochtans intrinsiek. Eenmaal begonnen, schreeuwen je lijf en geest erom die baby te voeden, en bevredigt dat voeden immens. Raadde ik vlak voor de bevalling een aanmodderende vriendin aan te stoppen, nu begrijp ik hoe idioot dat advies klinkt. Borstvoeding is en voelt als primair belangrijk. Tja, hormonen vermogen veel, en dus ploeteren Bebe en ik vrolijk verder. De wolken intimiteit scherpen onze wederzijdse verliefdheid aan. Huilt ze? Dan kan ik een ongelukkig hoopje mens geruststellen: mama is hier en – oh superkracht! – ze maakt melk! De kleine is meteen tevreden. Ondanks alle last lijkt de wereld goed.

Een paar weken gedokter later blijkt Bebe dankzij prima melk te blaken van wezenlijke gezondheid, maar moet ik toch stoppen of het kind riskeert drie tot zes maand chronische pijn. Mijn overvolle borsten kunnen intussen een legertje kinderen voeden en huilen wekenlang een potje moedermelk. Veel kolven en een vriezer vol melk verder hoor ik bij de ontaarde flessenmoeders, en merkt Bebe verwonderd dat ook papa melk maakt. Ik trotseer de algemene maatschappelijke afkeuring, maar voel me bij elke verkoudheid van de kleine en elke gelukkige borstvoedster stiekem schuldig.

Weken later probeer ik het weer. (Dat ik een koppig spook ben, weet u intussen wel.) En verdorie: er is nog, het kind verteert het en geniet zichtbaar. Hoera! Opvoeren die productie! Maar wacht eens. Bebe is bijna drie maanden oud. Als ik nóg drie maanden voed krijg ik weer bakken commentaar over me heen. Borstvoeding moet namelijk, maar maximaal zes maanden. Dan keert de publieke opinie en vindt je onwelvoeglijk, week, lid van de borstvoedingsmaffia, een melkmachine. Wat te doen?

De regels

Het is niet zo dat voeden moeilijk is. Er zijn weinig regels en wat gezond verstand bij betrokken. Alleen moet je die wel kennen.

1. Besef dat onze maatschappij tijdelijk abnormaal is

Sinds de jaren 1950, het tijdperk van pakjesvoeding en chemici, is onze maatschappij zo'n twee à drie generaties lang aan de flesvoeding gegaan en dat als de norm gaan zien. Dat is verre van ideaal of normaal, weten we intussen. Maar met dat besef is ons dak niet gerepareerd: we zijn immers het voeden nogal ontwend.

Onze moeders kunnen ons meestal niet begeleiden. Als ze ons al advies geven, is dat vaak overgenomen van kinderartsen die er niets van wisten. (Voor de duidelijkheid: nee, minstens drie of vier uur tussen de voedingen hoeft echt niet, laten huilen sterkt een kind niet maar verzwakt het, je melk is heus voedzaam genoeg, en die baby mag zo vaak en zo lang als hij wil drinken; zo houd je hem zoet en wordt hij groot terwijl je een boekje bladert of op Facebook rondhangt.) Ze raden ons al snel een fles aan als het pijn doet of moeilijk lijkt. Niet uit onwil. Ze kennen gewoon niet anders. 'Jij bent er ook groot op geworden,' kreeg ik te horen met een licht verwijtende ondertoon die zich afvroeg of ik hun ouderschap misschien veroordeelde. Onze grootmoeders vinden het soms ronduit onwelvoeglijk om borstvoeding te geven. Andere tijden, andere zeden, maar goed: collectief krijgen we stilaan de kneepjes van borstvoeden weer onder de knie.

Is borstvoeding dan moeilijk? Het is even moeilijk als wandelen. Na een tijd lijkt ademhalen in vergelijking een krachttoer, die baby doet tenslotte alle werk. Maar onze maatschappij heeft, een paar decennia lang, collectief amper een poot verzet of een ademteug genomen. Om al te veel gestommel te vermijden, kan dus het handig zijn een ervaren 'wandelaar' te zoeken voor raad.

2. Wantrouw de kennis van je dokter over borstvoeden en zijn advies over flesvoeding

De medische wereld prijst zich een slag in de rondte over borstvoeding, en dat is allemaal heel prachtig. Maar hoe onderlegd je dokter ook is in de nadelen van kunstvoeding, echte tips, weetjes of onderbouwde kennis over borstvoeding zelf hebben dokters niet noodzakelijk. Dat kan hem of haar niet verweten worden. In een medische opleiding leer je hoe een zuigeling te genezen. Hoe borstvoeding werkt, hoe je de mogelijke opstartproblemen herkent en verhelpt is niet hun vakgebied.

Bij een probleem komt vaak de raad 'probeer eens een flesje'. Een waardeloos advies, maar alweer vrij begrijpelijk. De info die je dokter wel krijgt over voeding, komt over het algemeen van kunstvoedingsfabrikanten, die in doktersvoorlichting erg veel geld stoppen. En wie melkpoeder produceert, geeft geen advies om de concurrentie te steunen. Hoewel je als uitgeputte, gefrustreerde moeder echt snakt naar steun of een oplossing en je die absoluut van je pediater verwacht, is een dokter misschien niet je beste gok.

Dat was, na mijn ach-dat-komt-wel-goed houding, de tweede blunder. Zelfs als ik medisch advies krijg van een dokter denk ik er twee keer bij na. Maar toen ik met donkerbruine wallen van huilen en slaapgebrek, een nerveuze trieste man aan mijn zij en een baby die zich van de handleidingen in babyboeken niets aantrok, verwachtte ik een deus ex machina over voeding. En toen die dokter, nadat hij me verzekerde dat mijn dochter bloeide op borstvoeding, suggereerde om voor het gemak flesvoeding te proberen, stapte ik – dommerd – heel erg triest maar braafjes over.

Gelukkig hadden we een heel stevige productie op gang gebracht, zodat ik zelfs na twee weken compleet afbouwen met een doodongelukkige moeder en een baby die prompt nog veel meer in de lappenmand raakte, de productie door vaak aanleggen in een paar weken weer opgekrikt kreeg naar volledige borstvoeding. Mijn baby bloeide weer op. Het voelde eindelijk weer normaal. En als je erbij nadenkt is het natuurlijk ook doodgewoon.

Ik was een tijdlang boos op die dokter. Maar het is een compleet begrijpelijk advies; van iemand die jou wil helpen als je absoluut hulp wil, maar eigenlijk geen echte raad heeft. 'Een flesje proberen' is het advies van wie je niet bij de borstvoeding kan adviseren, en dus ongewild tegen borstvoeding adviseert. Meestal goedbedoeld, maar nutteloos en schadelijk. Geen enkele baby is gezonder op flesvoeding dan op mensenmelk, die à la minute op je kind, zijn eetlust, het weer, de infecties om jullie heen, en nog een hoop andere factoren is afgestemd. En zo goed als altijd – veel vaker dan men denkt – is borstvoeden gewoon mogelijk.

Wil je borstvoeding geven, en krijg je het advies van een arts om te stoppen, dan kan het nuttig zijn om te beseffen dat hij of zij vanuit een nogal gemanipuleerde sociale en historische context spreekt. Over het algemeen gedijt een kind fysiek en emotioneel slechter op poedervoeding. Een tweede mening kan dan helpen. Vooral als je ze bij een echte deskundige haalt.

3. Weet waar je echte steun en kennis kan vinden, en roep die in bij de minste twijfel

In China is boeren en spuwen aanvaard, aan het hof van de Zonnekoning was in de hoeken van paleiskamers poepen oké, en wat in een zwembad mag, is bij dezelfde temperatuur en mensen rond een vergadertafel obsceen. Kortom, hoe je je gedraagt hangt af van je sociaal milieu. Dat betreft ook borstvoeding. Wanneer ik voed met ook maar één afkeurende blik van naaste familie op me gericht, voel ik me bekeken, onprettig en minstens verward. Het moet vreselijk moeilijk zijn als een bekende regelmatig ostentatief wegkijkt of de kamer verlaat, laat staan als iedereen om je heen borstvoeding 'maar moeilijk' vindt. Dan wordt het iets om doorheen te bijten. Word je omringd door mensen die borstvoeding normaal vinden, en krijg je vertederde blikken wanneer je je baby voedt, dan versterkt het je in je sociale trots en in je keuze.

Als je dat beseft, kan je bewust zulke warmte en steun

CALENDAR
2011
FEB MAR
102

opzoeken. Contacteer mensen die zelf hebben geborstvoed als je het moeilijk hebt. In mijn kraamweek belde ik een vriendin op, kon een halfuur lang klagen over tepelkloven, kreeg van haar tips en medeleven – want ze wist hoeveel pijn dat deed – en evengoed bleef het 'waarom stop je niet?' vanzelfsprekend uit. Weten waar ik knuffels of steun kon halen was mij veel waard als nieuwbakken mama.

Dat je in een borstvoedingsomgeving zit, is niet noodzakelijk een garantie op steun. Toen het met Bebe slecht ging, stond ik op instorten. Ik wou zo graag een luisterend oor zonder tegenargumenten, iemand die me zou helpen, een medestander. Iemand die begreep en stilstond bij hoe vreselijk het is om je kind te horen huilen, en nog wel vlak na elke voeding. Iemand die me zei dat die kloven inderdaad zo'n pijn doen, en me hielp. Die me liet uithuilen en geduldig met me uitzocht wat misging. Als je zo'n steun krijgt, voed je meestal verder.

Wat ik wel kreeg was verontwaardiging. De pro-borstvoeders vonden het vreselijk om te horen dat ik al overwoog te stoppen. De lactatiedeskundige pediater die we consulteerden zei droog: 'Als ze medicatie krijgt, is er toch geen probleem?' Maar dat was er wel. Ze had twee ouders voor zich, doodop, op de rand van instorten, en die hulp nodig hadden. Nu. In het borstvoedingskamp – waartoe we zo graag wilden behoren – kreeg ik alleen strijdkreten. Ik begreep waarom sommige niet-borstvoeders zo'n rancune koesterden tegenover de 'borstvoedingsmaffia'.

Als je absolute bodem voelbaar is, zoek je tot je vindt. Enter: de pediater die ons begrijpend aankeek, de pagina's logboek van slapen en eten terzijde schoof en zei: 'Als ouders met zo'n stapel papier aankomen, weet ik vanzelf hoe het zit.' De man toonde begrip. Hij zei dat borstvoeding goed was voor andere culturen, maar in de onze niet evident.

Hoe erg dat advies ook is, en hoe jammerlijk slecht voor mama en baby, het is niet zo achterlijk als het lijkt. Ja, borstvoeding kan in onze cultuur even vanzelfsprekend zijn als in andere culturen. Maar dan moeten we wel werkelijke steun aan borstvoedende vrouwen geven.

Als je steun mankeert of nodig hebt, is het vaak onbegonnen werk om je omgeving te motiveren. Weet dus gewoon waar je wel steun krijgt. In het zogezegde hoofdkwartier van de borstvoedingsmaffia zou je geen zachtheid, begrip en doordacht gebruik van gedegen kennis verwachten maar kijk: krek daar krijg je het. La Leche League klinkt als een twijfelachtig Mexicaans zuivelconcern, maar slaat op een stel niet-vergoede mama's, met elk meer kennis van borstvoeding in huis dan het gros van de pediaters. Ze kennen veel voorkomende tot bijzonder zeldzame problemen, hebben tips, kennis en perspectief klaar. Zij geven je ook de warme steun die je als mama nodig hebt, info die je ontbreekt, weetjes en kneepjes die het allemaal zoveel makkelijker maken. Ondanks hun maffiose bijnaam vond ik bij hen het meest behulpzame, vriendelijkste advies. Nooit dwingend, altijd begrijpend, intelligent, en erg inventief.

4. Wees voorbereid

Tijdens een zwangerschap kan je je voorbereiden op borstvoeden. Veel tijd of moeite kost dat niet. Een echt naslagwerk is *Handleiding Borstvoeding*, te koop bij La Leche League. Ook met Kate Evans' *The Food of Love* sla je je door moeilijke borstvoedingsmomenten heen. Bovendien staat het ondanks zijn melige titel vol handige tips en is het ook nog vreselijk grappig geschreven. Als je het liever verteld krijgt, sla dan de infoavonden bij je ziekenhuis over (je gynaecoloog geeft je meer info en minder promopraat over je bevalling), en gebruik die tijd voor een onafhankelijke infoavond over hoe je straks je kind voedt.

Waar ik me trouwens evenmin over had ingelicht, was hoe dat nu zit met flesvoeding. Ik dacht dat flessen best oké waren, gewoon niet het beste. Pas bij zorgvuldige research blijkt dat de nadelen pittig zijn. De gezondheidsnadelen welteverstaan, want dat het een deprimerende rompslomp was, leerde ik tijdens de eigen flesweken. De hele dag en nacht leken zich te vullen met potten poeder kopen, flessen voorbereiden, geven en schoonmaken. Baby's drinken makkelijk anderhalf jaar flesjes. In vergelijking met elke dag weer die organisatie, is de investering van een paar weken uitproberen en sukkelen met borstvoeding miniem.

Ik vind het bijzonder vreemd hoe die nadelen worden verzwegen. Mama's mag je geen schuldgevoel aanpraten, is het excuus. Maar je mag hun wel doen geloven dat flesjes makkelijk zijn, en geen inferieure voeding voor hun kleintjes. Ik vind dat een vreemde redenering. Natuurlijk maakt flesvoeding geven je niet schuldig. Je verdient wel onverbloemde info over wat je geeft, wat erin zit, en hoe je eventuele risico's zoals wiegendood kan indijken. Dat zijn we mama's verschuldigd: niet betuttelende vergoelijking, maar eerlijkheid.

5. Besef hoe normaal het is

Borstvoeding lijkt soms raar. Doordat we er weinig van weten of omdat je het gewoon weinig ziet. Men voedt discreet uit mogelijke gêne of verlegenheid. In reclame zie je baby's aan flessen, doopsuiker wordt in flesjes gegeven, babyboeken staan vol flessen. Voor mijn dochtertje, die de borst kreeg, vond ik een fijn boekje, *Bébécédaire*, waarin een paginaatje knusse borst is getekend. Ik besefte prompt hoe verdomd weinig je borstvoeding ziet. Zelfs aan baby's, die het object toch vaak kennen en instinctief het allerliefst naar ronde, zachte voorwerpen kijken, toont men liever flessen dan borsten of borstvoeding. Op doopkaartjes staan beertjes, eenden of poesjes die de fles krijgen als illustratie. Als je erover nadenkt, lichtelijk idiote en erg onrealistische voorstellingen.

Via de Roze Doos krijg je bovendien tonnen flespoederreclame via pseudomedische blaadjes in huis, die je met zes weken leuke ideeën verkopen als 'het eerste flesje van uw kind helpt hem onafhankelijk te worden' (sorry voor de teleurstelling, maar 'helpt hem verkouden worden' is realistischer. Fles of niet, een baby blijft de nood hebben aan jouw contact. Met borstvoeding is dat contact gewoon makkelijker.) Met drie maand hebben ze het over afbouwen van de borstvoeding. En met zes maand geven ze je de indruk dat stoppen normaal is. De gekken: net wanneer het bij werkelijk iedereen lekker loopt, borstvoeding heerlijk ontspannen wordt en alleen nog voordeel biedt, word je verondersteld te stoppen.

Ook onze woorden zijn vreemd: koeienmelk is 'gewone' melk. Die van onze eigen soort heeft het voorvoegsel 'moeder'-melk nodig. Het lijkt wel alsof de borst het beste is, maar vooral zeer verborgen moet blijven.

Die preutsheid is nieuw. Madonna's worden van oudsher met een baby Jezus aan de borst getoond. (De fabrikanten van flesvoeding bestonden nog niet, anders hadden ze wellicht flesmadonna's gesponsord). Zelfs de preutse victorianen vonden een baby of een ouder kind aan de borst doodnormaal.

De preutsheid is ook wereldwijd gezien abnormaal. In de

Arabische wereld lopen veel vrouwen gesluierd, maar borstvoeding op straat is er een heel gewoon, normaal gezicht. In de moskee voeden kan zonder probleem (ook als Westerse trouwens, een tip voor als je er een rustige plek zoekt om te voeden). In het Oosten worden kinderen standaard borstgevoed, en vaak lang. Een geëmigreerde vriendin hoorde van haar schoonmoeder: 'Ach, laat hem toch nog een tijdje aan de borst, hij is pas twee', en viel zowat van haar stoel. In België kreeg ze vanaf week drie de vraag wanneer ze nu zou stoppen.

Het is een hoop gedoe rond borstvoeding en dat hoeft natuurlijk niet. Borstvoeding is geen extraatje of bonus, het is normaal. Ze doen het er niet beter op, ze doen het erop zoals een baby het hoort te doen. De borst is niet 'het beste', maar op hun lijfje ontworpen. Op flesvoeding doen ze het minder goed, en dat is niet verbazend. Miljoenen jaren al krijgen kinderen borstvoeding; geen wonder dus dat in de fabriek ontworpen voeding niet zo goed werkt.

Binnen veertig jaar zijn we weer een heel eind meer genormaliseerd. De borstvoedingsmoeders van vandaag zullen hun dochters heel relaxed advies geven, en die dochters kunnen ons ongelovig en uitbundig uitlachen dat het in onze tijd een issue was. Poedervoeding is een vervanging. Als die attitudewijziging, die stilaan inzet, voortduurt, zullen moeders zich even trots voelen met een kindje aan de borst als met een zwangere buik. Of misschien – beter nog – vinden ze het simpelweg doodnormaal.

6. Geef op jouw beurt borstvoedmoeders (sociale) steun

Goedkeuring en warme blikken in plaats van verward kijken. Geen schoonvader die steevast wegkijkt, maar zijn schoondochter dan weer beschaamt door haar te luid te prijzen. Een flesje is snoezig en de borst seksueel? Nonsens natuurlijk. Het is gewoon eten voor je baby'tje.

Zorg voor de moeder hoort bij steun. Als vader appreciëer je borstvoeding onder andere door in de rest van de zorg verantwoordelijkheid te nemen. Verschoon extra luiers. Vraag je borstvoedende vrouw regelmatig of ze wat nodig heeft, en breng haar een glaasje water. Zorg ervoor dat ze voldoende kraamhulp heeft. Maak het haar, kortom, makkelijker.

Afkeuring kwam erg zelden. Mijn eigen oudere familieleden waren een beetje verbaasd dat ik borstvoeding gaf. Van één enkeling kwamen afkeurende blikken. Die stemden erg verdrietig. Als het op de borst aankomt ben je gevoelig voor sociale druk. Moeders geven vaak allerlei redenen waarom ze stoppen met borstvoeding. Uit onderzoek blijkt dat de echte reden vrij eenduidig is. Niet problemen met het voeden, praktische problemen, of welke andere factor dan ook is reden om te stoppen. De enige factor die echt doorslag gaf, was sociale goedkeuring. Steun en goedkeuring van de omgeving betekende dat baby verder borstvoeding kreeg. Afkeuring of ontmoedigende opmerkingen verkortten de borstvoedingsperiode.

Je daarvan bewust zijn, en een steunende omgeving zoeken, kan ervoor zorgen dat alles goed loopt (steunende personen hebben meestal ook goeie tips, dus dat is dubbel handig). En op jouw beurt anderen steunen, kan ervoor zorgen dat een andere kleine de borst krijgt.

Wat mij een enorme boost gaf, waren momenten dat die warme steun naar boven kwam bij onbekenden, en zo'n reactie was buiten die ene persoon onverhoopt en fijn de standaard. Op een rommelmarkt werd mijn dochtertje plots hongerig. Ik keek rond naar een plek om haar te voeden. Vlak voor ons stond een ouder stel met een stalletje. De vrouw stond recht, bood me haar stoel aan en zorgde ervoor dat ik comfortabel zat. En terwijl Bebe een snack nam, prees ze me de hemel in: dat was nu toch het schoonste wat er bestaat, een kleintje dat zo dronk bij de mama. Met mijn verzadigde dochter liep ik later naar huis op supertrotse wolkjes...

Ook verder merkte ik erg zelden afkeuring. Dat mijn dochtertje dronk lokte vertederende blikken uit op terrassen, bussen, kerken, in park en trein. 'Ce n'est que naturel,' zei een dame op de bus toen ik in een minder zelfzekere bui iets half excuserends zei over Bebe's eetlust. En zo is het maar net.

7. Besef dat je zelf zorg nodig hebt

In Japan wordt een vrouw de eerste maanden bij haar ouders thuis gehouden en verzorgd. In bepaalde Afrikaanse culturen verzorgen de oudere vrouwen de vrouw en haar kindje drie maanden. Moeder krijgt eten, hoeft niet te werken, herstelt en verzorgt haar kleine wurmpje.

In onze cultuur word je als zwangere in de watten gelegd, maar sta je er als mama plots weer alleen voor. De eerste weken word je overspoeld met bezoek, die entertainment verwachten. Hoewel wij bezoek een tijdje afhielden, leek het nog steeds alsof mijn man de hele tijd voor bezoek aan het zorgen was, vuilniszakken sleepte, het huishouden draaiend hield. Iedereen raadt je aan 'je te verzorgen'. Maar zichzelf verzorgen vlak na een bevalling gaat moeizaam zonder zorg van je omgeving. Steun aan een pas bevallen moeder is steun aan haar kindje en haar man, en maakt borstvoeding mogelijk.

8. Troubleshoot bij de minste problemen.

Krijg je toch geen steun? Heb je voedproblemen? Voelt het borstvoeden raar, onprettig of vermoed je een probleem in de maak? Er zijn verschillende verenigingen die je kunnen helpen. Op het eind van dit boek vind je een lijst met organisaties, boeken en personen die je raad en steun kunnen geven.

Gewoon gezond

Onze – getuige nogal wat borstvoedingsproblemen soms wat klunzige – borstvoedingsrevival is een feit. De problemen zijn tijdelijk; binnen één generatie zijn er een hoop ervaren vrouwen die ons van advies kunnen dienen. Wel moeten mama's na de bevalling 'gewoon' weer meedraaien, snel, goed, en net zoals voorheen. Daardoor voelt borstvoeding vaak te veel, als een opoffering. En wordt het inderdaad verdacht als oorzaak van alle problemen.

Zelf heb ik gelukkig de ervaring gehad dat het 'de borstvoeding niet was'. Na een paar dagen kan je meestal makkelijk de productie weer opdrijven. Bij mij zelfs na een paar weken. Dankzij een zeldzame huisdokter met uitstekende kennis over borstvoeden, die ik 's avonds verschillende keren uitgebreid heb gebeld (hulde aan de arme man), geloofde ik in het feit dat je borstvoeding weer kon opdrijven. Ten tweede merkte ik dat mijn dochter even goed en zelfs beter ging slapen toen ze weer borstvoeding kreeg. Wat haar had dwarsgezeten was een verbrande slokdarm, wat haar hielp de medicatie. Bovendien had ze een koemelkintolerantie. Toen ik geen koe-, geiten- of schapenmelkproducten meer at, kon zij rustig slapen. En niet onbelangrijk: sinds ik weer borstvoeding gaf, was het uit met de sinusproblemen en pijnlijke stoelgang die plotseling waren opgedoken bij het introduceren van flesjes. Mijn kind was weer gewoon gezond. Ik wens het elke mama toe.

Een roze slapeloze smurf

Wij zingen vaak slaapliedjes voor onze kinderen opdat wijzelf zouden kunnen slapen.

Kahlil Gibran

Als tiener wilde ik geen kinderen; wat als ik een slechte ouder was? Nu lijkt dat me een compleet triviale tegenwerping. De enige echte reden om kinderloos te blijven is slaap. Of het waanzinnige gebrek eraan.

Dag 0: Hm, thuis bevallen is heerlijk. Zie mij hier prinsheerlijk liggen met the Man en Bebe samen in één bed. Kijk hoe mooi ze is. En ze slaapt als een blok! Heb de rustigste baby ter wereld. Was zelf ook superslapertje, zegt mijn moeder, dus dat heeft ze van mij. Nog even kijken en dan ga ik slapen. Goh, snap echt niet waarover al die ouders klagen.

Dag 5: Geeuw. Jeetje, wel vermoeiend, dat constante zorgen. Langer dan twee uur aan een stuk slapen zou best lekker zijn. Borsten voelen als kanonskogels. Ojee, Bebe wurmt. Wil alweer drinken. Snel aanleggen of ze huilt. Oh help, te laat. Wacht eens: het is haar huiluurtje. Zucht. Dat wordt gewoon uitzitten en troosten.

Dag 10: HELP! Huiluurtje is tot rond-de-klok-huildag uitgebreid. Loop heelder dagen met ontroostbare Bebe op de arm. Heb ik een huilbaby?! Dat moet ze van the Man hebben. Vroedvrouwen zeggen dat ik Rust en Regelmaat moet toepassen. Kijken bedenkelijk als ik zeg dat het niets helpt. Ze huilt in de wieg, in bed, in mijn armen. Boehoe. Snap er niks van! Ben slechte moeder!

Dag 16: Hmgfrp. Was helemaal geen huiluur: Bebe is ziek! Was pijn. Hm. Boos op alle verzorgers die me flauw en overbezorgd noemden. Arme Bebe. Ze kan alleen slapen als we rondwandelen in de draagdoek. The Man en ik wandelen de nacht door. Vannacht drie uur geslapen en een rood vosje gespot op besneeuwde straat. Mogelijk ook hallucinatie of vette pluizige straatkat. Nouja, als Bebe maar slaapt. Houd het vast nog een paar uur vol.

Dag 25: Oef, pijn vermindert. Bebe blijft na inslaapwandelingetje op onze buik doorslapen. Hoera! Rust en Regelmaat komt nog wel eens. Of niet. Kan me werkelijk niet schelen: Bebe schopt nog van pijn in haar slaap, maar ze slaapt. En ik, doodmoe, slaap er evengoed doorheen als zij.

Dag 30: Sodeju. Vannacht weer met schoppende baby op buik wakker gelegen. En drie uur lang in slaap gewandeld, want loop zo onhandig te wankelen dat ze steeds wakker wordt. Vermelding van regelmaat-regels intussen genoeg om me woest te maken en met bezems te gooien naar bezoek. Wou wel dat ik eerste nacht maar had geslapen en niet naar haar gekeken. Vanochtend de was gedaan. Hoera! Alles in de wasmachine weliswaar roze door één rood hemd. Kleine verbetering op vorige was: toen lievelingstruitje zo hard gekrompen dat Bebe het aan kan. Móet echt meer slaap of loop straks als Roze Slapeloze smurf rond.

Dag 37: Bebe slaapt in mijn arm. Vooruitgang! In slaap krijgen nog steeds heksenwerk. Snoep ook de hele nacht bij wandelsessies. Nochtans geen echte behoefte aan eten. Of aan drinken, seks, of plezier. Wil alleen nog slapen, honderd jaar lang. Geef hier dat spinnewiel, dat ik me prik, en laat die wakker kussende prins maar zitten. Ojee, ze wordt weer wakker. *Ieeeep!* Ze lacht! Mijn baby lacht! Kan er weer tegen. Minstens een dag. Of een halve.

Dag 40: Argh! Ze-is-niet-in-slaap-te-krijgen. Vind haar een waanzinnig fijne baby als ze wakker is. Houd geweldig veel van haar. Maar ben dat in slaap wandelen zo beu. Ik piep er 10 minuten over. Bebe huilt op mijn schoot mee. Dan valt ze plots in slaap. Hieperdepiep! Kan slapen. Zonder wiegen!

Dag 60: Oef. Vannacht Bebe-nachtshift gedraaid. The Man slaapt in logeerkamer en neemt morgen over. Ben om zeven uur 's avonds zonder avondeten in bed gedoken, om zeven uur vanochtend eruit. In totaal vast zes uur geslapen, karig maar een record. Voel me bijna weer menselijk. Bebe is vreselijk schattig als ze slaapt. Als we dit regime lang genoeg volhouden komt er nooit een tweede. Iedereen tevreden.

Zestig hele dagen overleefd. Ik probeer niet te denken aan de komende tien jaar. Er zijn nog amper 3588 nachten te gaan.

De trucs

De slaapsituatie maakte ons in het begin flink nerveus. Als Bebe sliep muisden we naar de slaapkamer, probeerden haar stilletjes neer te leggen, en vonden het een drama als ze wakker werd. Een paar maand later is het geen enkel probleem meer als ze op schoot in slaap valt; dan kletsen we nog wat of kijken een filmpje, en gaan daarna rustig met z'n allen naar bed. We hebben het belachelijke idee van babyboeken dat baby's maximaal twee uur wakker mogen blijven achter ons gelaten. Baby's slapen zoals andere mensen; de ene keer lang en vroeg, de andere keer kort en laat. Door de rigide voorschriften te negeren valt er een last van je af, en blijft je kind net even gezond. Die omschakeling maakte babyzorg een stuk makkelijker.

Toch blijven de eerste maanden zwaar. Het is een tijd die de meeste ouders uitzitten. Als je het nog net iets moeilijker hebt – met een ziek baby'tje, eentje die maanden langer dan gewoonlijk krampen houdt, een nachtwakertje of een baby die moeilijk inslaapt – ontwikkel je een aantal trucs.

Ten eerste is er het standaardadvies. Als je erg moe bent, helpt het echt om te slapen wanneer de kleine slaapt. Die wordt vaak wakker, maar doet als het meezit ook veel tukjes. Bij oververmoeidheid kan je een slaapweekend (of verschillende) inlassen. Op vrijdagavond duik je met z'n allen (twee ouders plus baby) het bed in van zodra baby inslaapt. Wordt baby wakker, eet dan vooraf klaargezette soep of ander makkelijk en gezond voedsel, doe een klein lichtje aan ('s nachts) of houd het licht gedempt (overdag). Je kletst wat, leest of houdt je anderszins bezig, maar de slaapkleren blijven aan en je houdt het rustig. Slaapt baby in? Mooi. Het licht gaat uit en je tukt verder. Deze routine houd je netjes aan tot maandagochtend. Bezoek zeg je af, klusjes kunnen later, het huishouden loopt niet weg. Heb je oudere kinderen, dan kan je in shifts werken of je laat ze uit logeren gaan bij vriendjes of opa en oma. Het is niet bepaald een standaardweekend, maar strikt toegepast werkt een slaapweekend fantastisch. Op maandagochtend voel je je een stuk beter, en lijkt het idee minder gek.

Wat ook goed werkt bij oververmoeidheid is de nachten verdelen, vooral als je een baby hebt die moeilijk inslaapt, vaak wakker wordt, veel troost nodig heeft of het nodig heeft dat je rondwandelt of lekker monotone nachtliedjes zingt om hem in slaap te krijgen. Wel doe je het op een bepaalde manier, zodat je allebei nog een redelijk slaapaandeel krijgt, eigenlijk via een variant op het slaapweekend, toegepast op weekdagen.

Het gaat zo: ouder A zorgt overdag voor baby. Wanneer ouder B thuiskomt, neemt die de zorg voor baby (en eventuele andere kinderen) over en ouder A gaat slapen. Halverwege de nacht neemt ouder A weer over, en slaapt ouder B tot een kwartier voor die naar het werk moet. Dat is genoeg voor aankleden, deodorant en de deur uit (tijdens de kraamtijd is wat nonchalante persoonlijke hygiëne best aanvaardbaar, zolang je niet ronduit stinkt). Als beide ouders werken is het systeem nagenoeg hetzelfde, alleen moet je dan even afspreken wie het meest moe is (hou het kort, of je overleg schiet zijn doel voorbij). Zelfs als je een draconisch regime hebt – rond acht uur thuis en rond zeven uur 's ochtends vertrekken – blijft er een nacht van elf uur over. Dat maakt vijfenhalf uur ongestoorde slaap (minus één, twee of meer sessies borstvoeding, die je liefst zo slapend mogelijk doet; als de niet-borstvoedende ouder een wurmende, maar nog slapende baby naast je legt en je lichtjes wekt, leer je binnen de kortste keren aanleggen in halfslaap en voeden terwijl je tukt), en zowat altijd een paar uurtjes extra slaap terwijl je kinderduty hebt.

Dat is geen vetpot, maar erg behoorlijk met een licht slapend of ziek baby'tje in huis. Als je een aardige papa bent en je vrouw borstvoeding geeft, geef je haar ruiterlijk een uurtje extra. Ze wordt immers gewekt tijdens 'haar' uren, en bijkomen van een bevalling kost ook een hoop energie.

Het voelt wat vreemd om tijdens een slaapweekend of -week nauwelijks met elkaar te praten, je partner haast alleen te kruisen bij een 'babyoverdracht', en soms maar half het bed te delen. Anderzijds heb je bij slaapgebrek elkaar ook weinig te zeggen – en meestal weinig aardigs. Praten kan later nog, als die kleine goed slaapt of jullie je beter voelen.

Er zijn baby's met pijn of krampjes, en soms zelfs zonder beide, die alleen wiegend in een draagdoek goed inslapen. Meestal kan je, wanneer de baby in diepslaap is (hef een armpje op en voel of het slap is, kijk of de hele arm, de vingers en het gezichtje ontspannen zijn), wel gaan zitten of liggen en zelf ook een uiltje knappen. Een goede schommelstoel helpt; een beetje beweging houdt baby in de draagdoek in slaap terwijl jijzelf dutten kan. Ook half rechtop slapen met de baby liggend op je is een klassieker bij kleine baby'tjes die moeilijk de slaap vatten. Dat is voor weinig mensen een favoriete slaaphouding, maar met een aantal strategisch geplaatste kussens wordt het wel comfortabel. En het is een stuk beter dan niet slapen, of een huilende baby troosten.

Wat de positie is, maakt niet uit, als het maar werkt. Let wel op: als je in een veilig bed slaapt. Slaap nooit met een baby naast je of in je armen in een zetel. Dit verhoogt het risico op wiegendood sterk. Zorg er ook voor dat in de draagdoek het hoofdje van je baby goed vrij is – liefst boven de draagdoek uit, het nekje ondersteund door een doekbaan (eventueel met een moltondoekje erin opgerold voor extra steun).

Om de beurt een nachtje doen en apart slapen is ook een mogelijkheid. We hebben het thuis wel eens geprobeerd, maar vonden het eerlijk gezegd niet erg handig. Als Bebe wakker werd voor een nachtvoeding in 'papanacht', moest hij haar elke keer naar me toe brengen en wachten tot ik (of liever, zij) klaar was. Ik voedde meestal half rechtopzittend, omdat ik anders in slaap viel en the Man Bebe niet opgetild kreeg. Pas daarna konden we beiden weer gaan slapen. Dat was veel moeite en wakker zijn, en leverde ons uiteindelijk weinig extra slaap op. Geen nachtvoedingen geven is geen oplossing; tijdens de eerste maanden, wanneer slaap het meest ontbreekt, heb je zonder nachtvoedingen 's ochtends oncomfortabele stuwing, en neemt je melkvoorraad af. Het is moeilijk een baby die voor een voeding wakker wordt weer in slaap te krijgen en ook niet gezond; een jonge baby heeft nachtvoedingen om verschillende fysieke redenen nodig. Voor een oudere baby of dreumes is het de geruststelling van mamahonger, en bovendien de makkelijkste manier om hem in slaap te houden of krijgen.

Het was bij ons een stuk handiger om gewoon samen te slapen. Als Bebe honger of dorst had, schoof ik haar naar me toe, liet haar liggend drinken en sliep al gauw verder door het instant-oxytocineshot. De schrikverhalen dat ze nooit zou leren doorslapen, spreekt Bebe intussen zelf tegen door regelmatig een nachtje door te trekken. The Man sliep helemaal door de nachtvoedingen heen. In ruil liet hij mij 's ochtends wat langer slapen, terwijl hij zijn ochtendroutine met Bebe deed. Bebe zelf wordt nauwelijks wakker bij een voeding, en slaapt meteen weer in. Iedereen in slaap = iedereen tevredener.

DEEL 4
De omgeving

Veel zwangere vrouwen en nieuwe moeders worden in hun angst voor een beperkt moederbrein gesteund door vrienden, bekenden en de maatschappij. Je kunt een Nobelprijs hebben gewonnen, maar op het consultatiebureau word je 'mama' genoemd. En in bladen wordt ervan uitgegaan dat weer een strakke buik krijgen de grootste prioriteit in je leven is.

Katherine Ellison

Je doet het niet goed!

Je ziet het in methodes bedoeld om kleine kindertjes te trainen zelf in te slapen. Vanuit het perspectief van de methode is het irrelevant waarom een kind jammert in het donker. Het kan angst, verveling, honger of iets anders zijn. Experten die stapsgewijs advies aanbieden zijn alleen met het gedrag zelf bezig. Niet met de gedachten, gevoelens of intenties waaruit het gedrag ontstaat.

Alfie Kohn

De vrucht van je liefde op schoot, het is wat. Dat klein hoopje mens, van jouw zorg en liefde afhankelijk. Help, denken veel verse moeders daarbij stiekem en dat is niet verbazend, want over kinderen weten we niet gek veel. In onze twee-per-gezin-maatschappij hoort elk zijn eigen kroost groot te brengen. Instinct helpt wel een eindje en de baby wijst ook de weg (lachen of slapen: goed. Huilen: slecht). Maar toch.

Vroeger kwam veel hulp van visite en familie. Tegenwoordig brengen die cadeaus mee en willen koffie, koek en vermaak van uitgeputte ouders en hun pasgeborene. Oma's en nichten piepen en kietelen tot het wichtje huilt en gaan er dan snel vandoor. 'Ach, hij is moe!' Euh, nee: hij is dolgekird.

Als echte wijzen laten ze geen goud, wierook of mirre achter, wel hopen, massa's, tonnen advies. Of zo moet hun dunnetjes versluierde kritiek toch heten. Wat je baby ook doet, hoe jij ook reageert, wees gerust: in elk bezoekuur wordt het befronst, in vraag gesteld, gecorrigeerd. 'Ze drinkt wat vreemd, hé?' 'Waarom heeft je meisje nu een broek aan?!' 'Moet ze niet slapen in haar wieg? Slapen op de arm vinden ze veel te leuk, hoor.' 'Vier nachten laten huilen en het slaapt vanzelf!' Die eerste weken luister ik naar elke tegenstrijdige opmerking. Het zullen de zwangerschapshormonen en vermoeidheid wel zijn. Want the Man en ik, weliswaar wandelende wrakken, zijn best tevreden over hoe we moederen en vaderen.

Het commentaar beu volg ik die eerste weken zelfs halfhartig een babyrichtlijn, tot het kind en ik overstuur raken. Hun 'goed' voelt behoorlijk slecht. De babyboeken, geconsulteerd ter geruststelling, spuwen venijnige terechtwijzingen. Wat ben ik een slechte moeder. Ik had de baby regels moeten leren, Supernanny's magische formules volgen, babyfluisteren al in de baarmoeder. Zo wordt babyzorg even simpel en prettig als het verwekken. De boeken zijn even tegenstrijdig als de visite, maar menen unaniem: JIJ Doet Het Niet Goed!

In zekere zin klopt dat wel. Dat blijkt als ik de dokter opbel en vraag of ik het werkelijk zo slecht doe. 'Veel kraambezoek gehad?' vraagt hij. 'En nogal wat babyboeken gelezen,' zucht ik. Hij grinnikt, schrijft drie bezoekvrije weken voor, bezweert me de boeken weg te gooien en alle advies te negeren. 'Ik zie zoveel passeren,' zegt hij, 'en merk alleen dat elk kind wat anders vraagt. De een wil aandacht, de ander ruimte. Geniet ervan zolang ze bemoederd wil worden; dat duurt niet tot haar achttiende.'

Dus daar heb je het. Wat je ook doet, de mirakelmanier voor een makkelijke babytijd bestaat niet. 'Goed' is alleen wat werkt voor ouders en kind, en bij beiden zo min mogelijk verdriet berokkent of huilen veroorzaakt. Hoe vlot alles ook gaat, tijdens de eerste weken en maanden puzzelende, stuntelende kennismaking ben je sowieso uitgeput. Behalve dan de geluksvogels wiens baby van het voorbeeldige – lees semicomateuze – soort is. Maar ook dat is eerder toeval dan verdienste.

De volgende dag komt een laatste bezoekster langs voordat het embargo ingaat. Ik maak de deur aarzelend open, maar mijn vriendin brengt een pan soep en geen spoortje commentaar mee. 'Al die regeltjes, het zou wat,' schampert ze. 'Het enige dat élke baby nodig heeft is liefde.' Die nacht slaap ik weinig, maar voel me best lekker terwijl ik soep lepelend mijn babydochter wieg. En troost me: ook dit hoeft vast niet tot haar achttiende.

Goede raad

De kritiek. Niemand waarschuwt je ervoor, haast elke jonge mama kent het. Op een bepaald moment wordt de herinnering eraan kolderiek, maar als je verzuipt in het advies doet het je de duvel aan. Hoe je het ook doet, het moet anders. Nochtans geldt in opvoeding maar één algemeen aanvaardbare regel: doe wat je wil, zolang het de ander niet schaadt of tegen zijn wil ingaat.

Sommige van de zogezegd goede ouderpraktijken in oudewijvenverhaaltjes schaden wel degelijk. 'Je moet stilaan de tijd tussen de voedingen rekken,' zeggen ze. 'Leg hem toch in zijn wiegje.' 'Een kind moet routine leren.' Ik vroeg me af waarom je een kind dat piept, smakt, handjes zuigt of scheve mondjes trekt niet even mocht voeden. Moet hij discipline leren voor hij het kan uitspreken? En moet je zowel jezelf als de baby per se last en verdriet bezorgen? Ik begreep de raad niet.

Ik las me in om de wetenschappelijke achtergrond van die ideeën te leren kennen. Maar die was er helemaal niet. De wetenschap leerde me het tegendeel: dat tijd tussen voedingen rekken een recept voor mislukte borstvoeding is. Borstvoeding werkt met vraag en aanbod. Luister je niet naar de vraag van de baby, dan gaat het aanbod uit de borsten achterlopen. Ook kunstvoedingsbaby's vinden af en toe een beetje prettiger dan een gigafles zo nu en dan. Net zoals mensen houden baby's van knabbelen. Het volksgeloof deed de baby trouwens geen goed. Integendeel, de interne klok van het kind hield via af-en-toe-wat-eten zijn hersenbloedsuikerspiegel op peil, en zorgde voor voorspoedige ontwikkeling. Meer nog: al dat voeden verplicht jou om rust te nemen, domme tv te kijken, een tuk te doen of voor de 57ste keer je geboorteverhaal te doen aan een vriendin. Allemaal levensnoodzakelijke bezigheden in de post-partumperiode.

Routine werkte voor sommige baby's, maar niet allemaal. Ze hadden allemaal hun voorkeuren en karakter. Doe wat je baby wil, schreef de wetenschap bijzonder coulant voor, dat werkt het beste, geeft jou een prettiger dag en het kind een zonniger karakter en grotere veiligheid.

Aan laten huilen had de wetenschap een objectief broertje dood: hun tests toonden dat laten huilen een kind meer deed huilen op lange termijn, en dat baby's brein verzoop in de stresshormonen – zelfs als die er rustig uitzag. Respondeer vooral op je baby, besloten de wetenschappers, want daarvan worden ze alleen tevreden, huilen minder, voelen zich zekerder. Verwend? Dat werden ze niet, zegde de wetenschap sim-

DAT KAN NOOIT GOED ZIJN...

peltjes. Een tegengesteld advies, dat alle schrikverhalen 'je went ze eraan!' en 'ze leren zo nooit zelfstandig zijn!' naar sprookjesland verbande.

Wat lichaamscontact betrof was wetenschappelijk advies atypisch lyrisch en haast geitenwollensokkerig. Baby's ontwikkelden beter op elk vlak, genazen voorspoediger, de babyzorg werd makkelijker, de ouders daarmee gelukkiger, wat weer afstraalde op de baby. Het ging maar door. Lichaamscontact deed baby's op zoveel manieren goed dat het absoluut, zoveel mogelijk, als het maar kon mocht, nee moest. Zij vonden het leuk, jij vond het leuk: dat was een extra bonus.

Toch bleef ons, nochtans luierreclame-zoet, geknuffel griezelende afkeuring van oudere familieleden oogsten. Oprecht dachten deze mensen dat wij ons kind tekort deden door haar in de armen te hebben. Het was tegennatuurlijk, zou haar bederven, ze hoorde in een bed. Maar alle samenslapen zorgde er alleen voor dat we gedijden. En dat hoorden we van andere stiekeme samenslapers ook.

Mijn doel is niet het bannen van babybedjes. Af en toe schijnt een baby geboren te worden die helemaal vanzelf in een wiegje slapend, de klok volgt. Wel vond ik het vreemd hoe de standaard was om leuke wiegjes in stille babykamers te gebruiken, regelmaat en dril, als het gros van de borelingen er alleen ongelukkiger van werd, en de meeste moeders niet afkerig zijn van knuffelen of hun baby's tevreden houden als het zo uitkomt. Waarom werd mij advies gegeven dat de wetenschap alleen verbond met moeders die hun sensitiviteit verloren, met een verhoogde kans op postpartumdepressie, met een algemeen verminderde tevredenheid over de babytijd en met hongerige baby's die onnodig wanhoop, gebrek en angst leerden?

Ik vroeg me af of er niet eerder een slepende, ouderwetse maatschappelijke kracht aan het werk was. Routines, schema's, klokken: wat ruikt dat toch naar fifties. Een tijdsvak waarin zeven uur *cocktail hour* was en middagpauzes een uur duurden. Een tijd die de lopende band en blikvoeding verheerlijkte; waarin sociale conventies belangrijker waren dan geluk, en gezinnen vooral de schone schijn moesten ophouden. Vrouwen, mannen, kinderen hadden een rol, en moesten meelopen in een scherp afgelijnd levensschema. Wijzelf zijn intussen via talloze modes en filosofieën verder geëvolueerd. Maar in veel zachtroze of -blauwe babykamers heersen nog steeds de fifties, en moeten baby's meer in het gareel lopen dan hun ouders.

Dat die stelregels ondanks alle maatschappelijke en persoonlijke evolutie blijven overleven, heeft misschien te maken met het onvoorspelbare van een baby. Een boreling vertelt je niet letterlijk wat hij wil. Zelfs de vijf types huiltjes die sommige babyboeken uitleggen, klinken vaak anders bij jouw kind. En dus zoeken veel ouders vertwijfeld naar de oorzaak van het gehuil, leggen bezoekers hun overtuigingen in de mond van het wichtje, en kunnen massa's zelfverklaarde babygoeroes babyhandleidingen aan de man brengen. Een houvast of een stelletje gouden regels, hoe fake ook, stelt radeloze ouders gerust.

Toch kan je de echte stelregels op je hand tellen. Een tevreden snuitje/slapen: blij. Huilen/verkrampen/schrikken: niet blij. Een kind houdt ervan schoon te zijn, een gevulde maag te hebben, en wil als het even kan dicht bij je zijn.

Eenmaal de schrik voorbij, werken regels eerder als belemmering. Zorgen voor jonge mensenkinderen, even prematuur geboren als kangoeroes maar zonder ingebouwd draagsysteempje, is zo al moeilijk genoeg. Als luie moeder hou ik één stel regels aan: de onze. Wanneer slaapt je kind? Als hij moe is, net zoals jij. Houd je de radio op volume één, de tv zacht, en de omgeving niet al te heftig, dan valt hij zo op schoot in slaap. Geen kind aan, geen trainen nodig. Wanneer drinkt je kind? Als hij honger heeft. Of troost nodig heeft. Of wil slapen. Of wanneer hij zin heeft. Wanneer hou je je kind vast? Tja, blijkbaar zo vaak als het kan. Ze worden er zo blij van. In één woord: wat goed is, vertelt je kind je vanzelf. Instinct helpt je een heel eind op weg. Advies van derden is meestal nutteloos. Onthoud ervan wat je wil, zeg verder braaf dankjewel, vertel dat de baby net even wil drinken, en vraag hun allervriendelijkst of ze je verder van advies willen dienen terwijl ze de afwas doen waaraan jijzelf niet toekomt. Bij verder aandringen helpt diplomatisch en kordaat antwoorden op wantrouwige vragen, van onderwerp veranderen bij zeuren, een strategisch wandelingetje maken. Of een extra verbinding ontwikkelen tussen je twee oren: zo kan het advies de ene kant in, de andere meteen weer uit.

Babyboeken?

Advies in babyboeken lijkt net iets beter onderbouwd, maar is evengoed kunstmatig. De ene baby respondeert toevallig goed op wat de babygoeroe voorschrijft, of spartelt tenminste niet al te veel tegen. Maar de kansen zijn klein, en niet de moeite of kost van dozijnen babyboeken waard.

Echt bruikbare boeken vertellen je iets over hoe baby's in elkaar zitten. Ze laten je de algemene babytrekken beter begrijpen, en daardoor ga je merken wat er specifiek is aan de jouwe. Je merkt fijner hoe jouw baby reageert, wat hij of zij leuk vindt, en leert sneller temperament en karakter kennen.

Voor biologische info vond ik Desmond Morris' boekje *Baby* heel fijn. Het geeft inzicht in hoe baby's 'werken', wat ze biologisch als noden en verwachtingen hebben. Ik las het in één ruk toen ik zwanger was, en vond ook in de kraamtijd en later nog deskundige, objectieve antwoorden op vragen, waarop mijn omgeving alleen subjectieve meningen gaf.

Antropologisch was Jean Liedloffs *Op zoek naar het verloren geluk* een interessant leesmoment. Liedloff verbleef jarenlang bij een Amazone-indianenstam. In tegenstelling tot de meeste antropologen beschrijft ze niet machtsstructuur, jagersgewoonten of de rest van de mannelijke leefwereld, maar de vrouwelijke stamkant: hoe met baby's, kinderen en opvoeden wordt omgegaan. Nu verbindt Liedloff soms verregaande conclusies aan haar verblijf, maar haar boek bleef een eyeopener. Zinnig waren haar verhalen over baby's die zelden huilen, voorspoedig ontwikkelen, en niet alleen beschavingsziekten missen, maar ook onprettig babygedrag dat wij voor lief of normaal nemen. Ik nam sommige kneepjes over, bekeek mijn kind door haar boek eens op een heel andere manier, en merkte hoe ook mijn Westerse spruit inderdaad erg vrolijk en tevreden reageerde, en een stuk beter in haar vel ging zitten.

Ook Sue Gerhardts *Waarom liefde zo belangrijk is* bood een erg interessante achtergrond over babyontwikkeling. De meeste babyboekjes gaan in op motorische vaardigheden, maar die zijn op zijn best overbodig, want een baby ontwikkelt zich uiterlijk zonder jouw inmenging, en ze zijn op zijn slechtst zorgwekkend, omdat je voortdurend je spruit met de ontwikkelingstabel gaat vergelijken. Gerhardt gaat in op ontwikkeling van emotie en brein; een gebied waarvan het handig is om je bewust te zijn, en waarop je als ouder of verzorger een immense invloed hebt. Ondanks de ietwat melige titel is haar boek stevig wetenschappelijk gefundeerd. In begrijpelijke taal legt ze uit hoe in de babytijd het brein gevormd wordt; welke delen op welk moment; welke impact een bepaalde omgang met een baby heeft op zijn karakter en latere leven. Dat klinkt als een onleesbare baksteen, maar zelfs in de eerste vermoeide maanden las het lekker.

Al deze boeken geven geen handleiding (Jean Liedloff merkt in haar inleiding op dat ze verbijsterd was te merken dat mensen haar boek wél zo gebruikten), en hun ondervindingen zijn op breed bewijs, wetenschappelijk onderzoek of antropologisch inzicht gestoeld. Dat is een wezenlijk verschil met 'babyhandboeken'. Wat je met die wetenschap en inzichten doet, bepaal je zelf. Je besluiten zullen in ieder geval beter onderbouwd, en handiger voor jouw eigen situatie zijn dan die van Supernanny of van de bakerpraatjesliga.

Me and mr. Ledoux

Mij vader speelde met mijn broer en mij in de tuin. Dan kwam moeder buiten en zei: 'Jullie maken het gras kapot.' En mijn vader zei dan: 'We brengen geen gras groot. We brengen jongens groot.'

Harmon Killebrew

Sinds de zwangerschap voorbij is schrijf ik blijkbaar niet meer over the Man en mij. Dat is logisch: wij bestaan niet meer. Er zijn alleen nog Mama en Papa, die zorgen/troosten/wassen/spelen. Over onze nieuwe wereldorde ben ik verdeeld. Er zijn voors, tegens, en het onuitsprekelijke.

The Good:
Al die bullshit over het verrijken van je relatie klopt echt. Ligt het aan hormonen of aangeleerd gedrag, we zijn dolverliefd op de baby. Ze is zo verrukt over de wereld dat ook wij alles scherper zien. Haar lach, wijd verbaasde ogen en mondje, genotzuchtig knuffelen, diepe slaap: alles gaat met zoveel overgave dat we smelten. Het leven is haar Imaxfilm, en wij kijken strontvertederd mee.

The Bad:
Alle praat over babybloedarmoede in je relatie, die klopt. We

zijn dolverliefd. Op de baby. De zeldzame ruzies gaan zoals de schaarse gesprekken over Bebe. We gaan vroeg slapen, hebben 'uitjes' in het park, scharrelen elk apart wat willekeurig voedsel binnen. Het passioneel koppel dat we waren *for better and worse*, ligt te zieltogen. De wil is er, verzuchten we op schaarse knuffelmomenten. Alleen de energie voor seks missen we. Zin schiet soms ook tekort, met mijn piekhaar en zijn ongeschoren kop. Scharrelen we uiteindelijk die twee samen, dan piept het minimensje net om voeding, troost of gewoon speeltijd. Met twee, herinnert ze ons, zijn we nog jaren niet meer. En dus knuffelen we met drie en omhelzen een voorlopig celibaat.

The Ugly:
Wat moet dat op de lange termijn? Want the Man leert een andere vrouw kennen, die een hormonaal moederbeest kan zijn. Hij vindt het geweldig, maar die vrouw lijkt zijn geliefde onder te sneeuwen. Veel tijd om lief te zijn heb ik niet; waardering, kussen of andere noden lenig ik onromantisch en snel tussen twee slokjes borstvoeding en een luierbeurt. Wanneer hij op een dag een vraag met 'Mama' begint, verstijf ik. Ik doe nog wel zo mijn best om er smakelijk voor te komen. Hij kijkt betrapt. Ik ben de moeder van zijn kind.

Ik leer hém anders kennen. Gespannen van het slaapgebrek snauwt hij op een dag: 'Je weet niet hoeveel geluk je hebt met me!' Ik sta versteld. Omdat hij wel eens hélpt? Aha. Het is mijn kind in zorg, maar het zijne in genenverspreiding? En omdat andere plurken van mannen de baby fulltime aan vrouwlief overlaten, moet ik dankbaar zijn?

Ik wens me Scandinavisch. Want konden the Man en Bebe het eerst goed vinden, sinds zijn herstart trekt de relatie blazen. De moederband klopt niemand, maar toch: op zondagavond, na twee dagen papatijd, ligt Bebe altijd wat lekkerder in zijn armen. Op maandag begint het omslaan van de balans weer, en maakt ze hem amper nog een uur wakend mee. Ik mis mijn volle schrijfdagen en benijd hem de sociale en culturele contacten. Hij mist zijn dochter en voelt zich onmachtig als ze zich ook op vrije dagen vastklampt aan mij, haar vertrouwde trooststster. In Zweden kunnen mannen zes luxueuze maanden thuisblijven van de achttien in totaal per stel. Dat kost wat, maar de Zweed apprecieert wat zijn zware belastingen opleveren.

Maakt de natuur een klein, niet onaangenaam verschil, het is de maatschappij die onze kloof graaft. Zíj heeft de jaren 1950 als een morsig paard van Troje ons verlichte, egalitaire huishouden binnengesmokkeld. Mij hangt ze tussen melk en luiers, the Man stuurt ze na twee schamele weken aan het werk. Ze duwt onze werelden uit elkaar. En dus vervloek ik België om zijn schijnheiligheid. Een egalitair systeem? Het zou wat. Elk barend stel wordt gedémancipeerd!

Geitenwollen yuppie

Iedereen weet hoe je kinderen moet opvoeden, behalve de mensen die ze hebben.

P.J. O'Rourke

Wat te doen om je op een baby voor te bereiden? Snel een opvoedmening vormen, en dan gaan zitten genieten van je pasklare antwoorden. Je hebt ze immers voor het laatst. Het ging bij mij net zo: na lang gepuzzel was het leven met kind netjes uitgestippeld. Tot mijn werkelijkheid mijlenver daarvandaan strandde.

Het begon met de wieg. Witte kant, snijhout, ronde hemel: ik was verliefd. Binnen de week stond ze in de woonkamer complimenten te oogsten. Baby zou vast heerlijk slapen terwijl ik ernaast schreef. Onze gulle familie schonk een kinderwagen om in de stad de blits te maken. Ik las milieubewust bij over wasbare luiers en liet the Man een baby-ecozaak plunderen. Flesjes hoefden niet – ik zou borstvoeden. Een crèche moest wel, want zo'n thuisblijftype was ik niet.

Toen de geboorte naderde was Baden Powell trots geweest: ik was zo *prepared* als een overijverige scout. Het enige onverwachte punt? Dat een baby van geboorte af een eigen wil en karakter toont. Bebe laat als minikritische consument haar stem zwaar doorwegen. Letterlijk. In de wieg gelegd krijst ze

ALLEZ, SLAPEN!

keel en koppie rood. De vroedvrouw zegt dat het overgaat, mits enige training. Maar wanneer ik om drie uur 's nachts bezwijk en haar in bed til gaat de keel dicht, sluiten de ogen en valt ze in slaap. 'Eureka!' fluisteren the Man en ik, en we volgen haar voorbeeld. Ons kraambezoek waarschuwt: 'Pas op, je verwent haar!' Wij grinniken. Na de tranenconcerten voelt samen slapen als verwennerij voor ons: we tukken nu zelf ook.

Het stopt niet bij de wieg. Na duizend borstvoedingskunstgrepen schakel ik over naar de fles en toch weer naar de borst; na vier weken à twintig keer spuitluiers en vijf wasjes per dag, koop ik een pak wegwerpluiers. Ook de blitse buggy verstoft en de schenkers sputteren. Maar Bebe, panisch in de kar, kijkt vrolijk rond op mijn arm wanneer ik haar voorgoed uit het ding hijs.

Zo worden the Man en ik vreemde hybriden, zwevend tussen yup en geitenwollensok. We go with the flow. Dat we Bebe nu de halve dag rondzeulen? Ach. Mijn rug is niet half zo murw als mijn oren in de huilbabytijd. Gaandeweg raken we overtuigd van onze eigen vreemde kronkelweg. Voor kersverse ouders is autoriteit een zwaar argument, waaraan je moeilijk weerstaat. Aan alle trainrichtlijnen gaan veel ouder- en babytranen verloren. Misschien werken de harde theorieën wel, maar hun praktijk is pijnlijk en intensief. En de nachten, die moeten mama en papa trekken. Niet de dokter.

Dus probeer ik het knarsetandend een luxe te vinden om de carrière op light te zetten. Schrijven doe ik terwijl Bebe tegen mijn huid tukt in de draagdoek – eentje uit zijde. Al ben ik nog steeds geen thuisblijftype. En misschien moeten we binnen een paar jaar toch een hond. Voor de zekerheid: stel dat we toch zin krijgen in al dat trainen.

DEEL 5
De buitenwereld

Dat maar twee derde van alle Westerse kinderen veilig aan hun primaire verzorger zijn gehecht en er onder flesgevoede kinderen hogere morbiditeit heerst, wekt de indruk dat een normale omgeving voor een goed ontwikkelende soort (…) nauwer luistert dan 'ouderschap dat geen mishandeling of verwaarlozing is'. Het is goed mogelijk dat de conventioneel Westerse opvoeding de grens van optimaal ouderschap al heeft overschreden.

Regine A. Schön, ontwikkelingspsychologe

Mijn baby is een boerka

Ik moet mijn eerste campus nog bezoeken waar de meeste vrouwen zich geen zorgen maken over hoe ze op de een of andere manier huwelijk, kinderen, carrière kunnen combineren. Ik moet ook nog de eerste campus bezoeken waar de mannen zich daarover eveneens zorgen maken.

Gloria Steinem

Weet u, tot heel kort geleden was ik feministe. Mijn emancipatorische trek overleefde tienerjaren, snerende vriendjes, het eindeloze verdomhoekje waarin men de vrouwenbeweging drukt. Een -isme dat gelijkheid en vrije keuze predikt, dat is het mijne.

Nu weet ik het niet meer. Ik geloof nog in de idealen, maar mijn medestrijdsters drijven als vanzelf van me af. Ik voldoe niet meer, of liever: ze kunnen niets met me. Vergaderingen sla ik over, want mijn zuigeling respecteert geen orde van de dag. Ik schrijf geen verhitte pamfletten, want van vijf uur slaap kan ik er geen twee missen. Als echte feministe moet ik aan het werk, maar Bebe lijkt nog te klein en afhankelijk voor crèches. Heiligschennis!

Misschien drijf ik straks weer terug, zoals naar de samenleving die me heeft uitgespuwd. In de strenge islam verdwijnt een vrouw bij de puberteit. Bij ons functioneert het moederschap als vanzelfsprekende, uiterst efficiënte boerka. Mijn hele wereld wordt beperkt, mijn favoriete plekken zijn verboden. Verboden? Toegegeven: het ligt genuanceerder.

Er zijn de plekken waar ik niet meer wil zijn. Doorrookte cafés, donkere kroegen, harde concerten: de plekken waar ik het lekkerst schreef of me uitleefde kunnen echt niet met baby. Talrijker zijn de impliciet verboden plekken. Theaters, films, leuke restaurants, bibliotheken, zachte concerten; onzichtbaar staan er verbodsbordjes met een baby op de deur. Zelfs kindervoorstellingen weren Bebe nog jaren.

Er zijn de plekken die ik mezelf ontzeg. Ik wil best, maar durf gewoon niet meer. Ik riskeer het niet de vrouw te worden wiens baby de literaire lezing samenkrijste. Ik bezoek aarzelend een vernissage en vlucht als Bebe mid-toespraak luid gaat kraaien. Ik vermijd fijne winkeltjes en verwenplekken. Wat moet je, haar achterlaten bij de kassa tot je klaar bent? Ik speur mijn hoofd af naar stadsplekken waar borstvoeding zou kunnen, vrienden die niet zouden opkijken. My mind is a blank.

Natuurlijk blijven er toegelaten plekken. We mogen lekker rolbevestigend supermarkt, apotheek en als het snel gaat, de bank binnen. Zelfs ontspannen mag ik, in speeltuinen, ijssalons, Ikea's, mamacafés, parken. Dat zijn de reservaten van het moederschap. Felle kleuren en drukke stemmetjes bakenen af: tot hier en niet verder met dat kind. Het is er best prettig voor even. En ontevreden ben ik niet over het moederschap. Ik wil best mama zijn, meer nog: ik wil het altijd. Ook als mijzelf. Maar mijn wereld heeft beslist: je bent Mama óf Ledoux. En laat me pas weer binnen als Bebe in een crèche is gepropt.

'Hoezo, baby's kúnnen niet?' hoor ik u zeggen. 'Ik zie er overal!' Inderdaad: u ziet ze overal. Zoals sommigen overal boerka's zien. Niet dat het er zoveel zijn, ze vallen alleen vreselijk op omdat ze hier niet passen. Ik bedoel maar.

Zoals menig boerkadrager blijf ik vaak binnen. Om niet uit de toon te vallen en niet te hoeven toegeven hoezeer mijn leven is ingeperkt. Als the Man er is neem ik soms een bad met krant of boek. Ik denk in zeeën van badschuim aan vakanties in Turkije en Egypte, waar baby's vanzelfsprekend in elk aspect van het leven worden verwelkomd. Hun moeders leken me beperkt, maar ze zijn vrijer dan ik nu. Ik zucht en sla Fatima Mernissi's *Het verboden dakterras* open, een favoriet van me. Voor het eerst word ik jaloers op haar gevangen haremvrouwen. Want stel je voor: een hele harem om je in rond te bewegen. Vol mensen, boeken, leraren, faciliteiten. Wat een luxe! Wat een vrijheid!

***

Het mag een vreemde tendens zijn dat baby's niet in de maatschappij passen, het was nog vreemder dat ik me eraan aanpaste. Een baby maakt minder lawaai dan twee discussiërende mannen, één tiener met muziek op de gsm, of een paar oma's die iets te aangeschoten zijn. De overlast is beperkt, en juist door thuis te blijven merk je niet wanneer het wel goed gaat.

Nu gaat Bebe haast overal mee. De hele dag de hort op gaan we zelden, avonden blijven meestal rustig en al te veel plan ik niet. Dat is in functie van ons beiden. Een al te moeë Bebe maakt ook mijn dagen slepender. De doorrookte cafés laat ik zonder probleem. Theaterbezoek staat op rantsoen, want dat moet nog steeds zonder kind.

Maar met opsluiten is het uit, en dat hoeft ook niet. Als ik twijfel, vraag ik even vooraf: kan een baby bij jullie? Het antwoord is van boekpresentaties tot interviews en bezoekjes meestal 'geen probleem'. Op andere plekken spreekt het vanzelf. Leuke cafés, bibliotheken, restaurants, winkels, openingen, musea en zelfs professionele drinks overdag zijn best compatibel met een baby op de arm of tevreden scharrelend. Voor wat hoort wat; ik ga tenslotte ook mee naar haar speeltuin, park, en babyspeelzaal.

Het rijk der vrouw

Niemand vindt het erg dat een vrouw een goed schrijfster, beeldhouwster of genetica is, als ze tegelijkertijd maar ook een goede vrouw en moeder, knap, welgemanierd, verzorgd en gedwee is.

Leslie McIntyre

Weken heb ik erop gekauwd. Ik voel me best feministisch. Maar wat moet ik nu denken van de aanval van neofeministes op het ideale moederbeeld? Ze menen dat ecologisten, borstvoedingspressiegroepen en gedragspsychologen een alliantie hebben gesmeed: via schuldgevoel willen ze moeders tot slaaf van hun kinderen maken. Ze moeten zes maanden borstvoeden, niet te snel weer fulltime werken, natuurlijk bevallen, wegwerpluiers vermijden, hun kind in bed verwelkomen. Zo wordt de emancipatie volgens hen gesmoord.

Ben ik écht zo'n oermoederlijke feministenvreetster, vraag ik me dan af. Gelukkig gebruik ik pampers, of ik paste helemaal naadloos in dat verdrukkingsplaatje. Nochtans doe ik het er niet om. Als borstvoeding eenmaal loopt is het gewoon makkelijker. Kind minder ziek, niks geen steriliseren of mixen, 's nachts niet in koude keukens flessen brouwen maar gewoon even doorrollen. Bebe wordt niet eens wakker, en ik kan mijn laatste restje luiheid koesteren. Overdag houd ik de flesjeshand

À BAS
MET HET
NATUURLIJK
?
PFFRRT

vrij, en wordt dat een schrijfhand. Natuurlijk bevallen deed ik uit acute dokteritis en een ontdekkingsdrang die langs het pathologische scheert. Wat crèches betreft ben ik heel simpel een softie. Ben ik daardoor emancipatorisch verdoemd?

De tweede generatie Westerse feministes streed tegen het spook van de vrouw als dienster: seksueel mannenslaafje of moeder-en-niks-anders. Ze vochten om te mogen. Wat? Alles! En dat loonde: hun dochters mochten alles. Sterker: we móesten alles. Moeder en maatschappij verwachtten van ons de perfecte lijn, goed eten, leuke man, 2,3 kinderen, fijn huis, kaderfunctie. We werkten ons anorectisch, perfectionistisch, aan de pillen of gewoon de pleuris.

Wij, derde generatie, keken *Sex and the City*. Vrouwen die kozen voor carrière en lol, maar soms betreurden dat ze geen man en kids hadden. Dat is onze realiteit: weten dat elke keuze pijn doet. Je mist altijd wat, en dat kan ook een carrière zijn. Natuurlijk wil niemand terugslippen naar die dwangbuisvrouwenrol van vroeger. Maar meisjes die beslissen: ik wil dát en niets anders? Die gebruiken hun emancipatorische luxe om te kiezen, zelfs als ze toevallig moeder willen zijn. Een keuze die jongens ook rustig mogen maken. Die houding van 'kiezen is verliezen' vindt de tweede generatie stuitend. Hebben ze daarvoor gevochten? Ondankbare meiden.

Maar hoe feministisch is de neofeministische – of is het pseudofeministische? – modelvrouw eigenlijk? De crèche voor haar kinderen drijft op slecht betaalde vrouwen. Haar huis wordt schoongemaakt door een kansarme werk*vrouw*. In haar supermarkt rekenen onderbetaalde, halftijds werkende caissières haar boodschappen af. Want ook zij hebben kinderen, maar hen zijn crèche en werkvrouw te duur.

Feminisme betekent niet dat je zorg wordt uitbesteed aan armere vrouwen. Dat is kapitalisme, en wel op zijn slechtst. Wel feministisch, zo troost ik mij dus, is de zorg onderhandelen. Dat deed ik al sinds – pardon, vóór – dag één. Tenminste, met mijn partner. Ook met de staat en onze maatschappij zou ik dolgraag een potje onderhandelen. Want ondanks alle Gelijke-Kansenkwek blijft discriminatie troef als het op voortplanting aankomt en moeten vrouwen zich liefst als mannen en vooral niet als moeders gedragen om te slagen.

Rollenpatronen en hoe ze te ontlopen

Feminisme en babyzorg lijken soms tegenovergestelde belangen te dienen. Het hebben van kinderen alleen al is een oude plicht, waarvoor de verantwoordelijkheid bij vrouwen wordt gelegd. Ze vervolgens ook verzorgen en grootbrengen was van een ooit gedeelde zorgsituatie uitgegroeid naar een huishoud-, grootbreng- en zorgplicht die zich zelfs uitstrekte tot babyzorg voor de volwassen echtgenoot. Een belachelijke en schadelijke situatie, waartegen er uiteraard protest kwam.

Dat feminisme vervolgens acuut het tegenovergestelde ging nastreven, hoort waarschijnlijk evengoed bij een natuurlijke slingerbeweging die al het voorgaande afkeurde, als bij een terecht aanklagen van wantoestanden. Ik moet toegeven dat moederschap mijn visie in feminisme aantastte. Ten eerste 'bezweek' ik voor het kind in mijn buik. Ik voelde opeens, zoals andere feministes in dezelfde positie, abortus als een wankelbaar recht: had de baby minder rechten op een leven dan de moeder? Wiens leven woog door?

Ook persoonlijk veranderde mijn standpunt. Toevallig verwekt, was Bebe geen bewuste keuze. Ik besefte dat ze mijn professionele doelen en privéplezier zou veranderen, en misschien tenietdoen. Geïnspireerd door zowel stapels feministische literatuur als wantoestanden die ik uit de praktijk kende, zag ik duizend doembeelden voor mijn oog lopen. Een scheefgetrokken relatie was een risico met een man die dol was op uitgaan. Van voor eeuwig thuis zijn, met een verhoudingsgewijs scheefgetrokken geest gruwde ik net zo. In boeken als *Valse verwachting* van Naomi Wolf, zag ik het risico op scheefgetrokken zorgverhoudingen ontleed. Maar aan al die donkere inspiratie dankte ik ook wapens, om ervoor te zorgen dat ik zowel mama als mezelf bleef.

Ik ontdekte pas toen ik moeder was, dat kinderen naast je leven stelen, het ook kunnen verrijken. Niet in de zin die het klassiek twintigste-eeuws ideaal voorstaat, dat je vervuld wil zien als moederbeest en je hele leven als zachte, roze wolk afschildert, waarin je tot hoopje weke hormonen herleid bent.

Integendeel leerde ik een nieuwe kracht kennen bij de geboorte van Bebe. Ik vroeg me wel eens af of het te maken had met de natuurlijke geboorte, en de eigenwijze kracht die daarmee gepaard schijnt te gaan. Mijn lichaam leek een nieuwe trots te bezitten, mijn geest een duidelijke nieuwe wil. Het bracht de windstilte mee waarin, voor het duel in een cowboyfilm, de geestelijke kracht en de trefzekerheid van de helden wordt gemeten. Ik stond voor het eerst in het middelpunt van mijn leven, waar daarvoor de krachten van werk, relaties met mannen, familie- en vriendschapsbanden altijd sterkere polen leken dan ikzelf.

Ik leunde op die kracht om in mijn relatie te leren vechten op een beschaafde manier rond opvoeding, organisatie en gevoelens en mijn noden serieuzer te willen afdwingen. Zoals mijn medefeministes hadden voorspeld, bleek het onderhandelen van tijd en zorg zelfs met een redelijke man aan je zijde geen sinecure. Ik voelde me groeien door mijn nieuwe competenties, en door het kleine wurmpje onder mijn vleugels dat ik heel adequaat bleek te kunnen beschermen; haar groei en levenslust maakten me sterker. Ik legde mijn vroegere onzekerheid af, een niet vanzelfsprekende en bewuste keuze, en ontdekte dat sterkte vaak een kwestie is van beslissen het te zijn. Ik vond professioneel inspiratie in het kind, leerde te schrijven over gevoelens die zovele schrijfsters voor me hadden verkend, en probeerde net als zij een mannelijke taal te buigen tot ze deze vreemde situaties adequaat kon verwoorden. Ik werd overtuigder van mijn kunnen en trok me falen minder aan. Ik zag door alle slaapgebrek heen duidelijker doelen, kwam sneller to the point, en vond tegenstrijdig genoeg daardoor wat zich om het schrijven heen afspeelt minder erg: het onderhandelen, converseren en bereiken van doelen. Ik werd in zekere zin dus een mannelijker schrijver dan ooit, maar schreef op een fractie van de tijd die me voorheen ter beschikking stond.

Ik leerde ook dat de wereld zich spleet, ondanks de toepassing van al die nieuwe krachten. De geboorte was een seïsme, dat de aarde opdeelde. Ik zag mannen wiens gelijke ik me altijd had gevoeld, veranderen van houding. Als ik hen als schrijfster benaderde en een literaire of professionele kwestie aankaartte, reageerden zij op mij als moeder, en haalden antieke woordenschat boven. De leider van het kunstencentrum uitte zijn bewondering voor 'de ongeëvenaarde wilskracht' van jonge moeders, toen ik het over mijn boeken had. De programmator lachte toen ik het had over mijn dochter als onderwerp van een column – kinderen waren blijkbaar geen geldig literair onderwerp. 'De gave tot multitasken', 'de combinatie van zoveel rollen', de mierzoete toon waarop werd gevraagd hoe het met mijn kind ging. Ik vroeg me af of zij me daarvoor als willoos weekdier zagen, hoorde dat ze met 'multitasken' bedoelden dat ze twijfels hadden over de kwaliteit van mijn werk, want met zo'n kind kon ik me natuurlijk niet meer concentreren. Zijzelf waren stuk voor stuk zelf vader. Maar blijkbaar vonden ze dat 'combinatie van rollen' alleen voor vrouwelijke kunstenaars een probleem stelde.

Het lastigste was het praktische gevolg. Want in al die rozewolkprietpraat werd er op mijn werk zelf minder ingegaan. Ik moest ze aan een conversationele oorlel steeds weer met geweld erheen slepen. Niet ik taterde als moeder alleen over mijn dochter, zíj vervingen het bordje 'schrijfster' om mijn nek door dat van 'moeder'. En ze trokken een krijtlijn: 'Jij, Ledoux, bent nu de Ander.' Het voelde als een subtiel overwippen naar andere delen van de splijtlijnen. Juist doordat ze me zo anders behandelden, werd die idiote voorspelling natuurlijk waarheid, en groeiden goede verstandhoudingen naar vreemde last.

Vriendinnen rapporteerden eenzelfde houding. Zij moesten zich op werkplekken dubbel bewijzen. Ze werden verdacht van soft zijn en plotse hersendood. Aangezien ze moeder waren, moesten ze nu wel minder aantrekkelijk zijn, waren ze plots dommer en zorgender en werden hun persoonseigenschappen uitgewist. Door bazen, collega's of bekenden werden ze behandeld alsof ze in een wandelend stereotype waren getransformeerd, en alle persoonlijkheid verloren in het moederproces.

Feminisme bleek plots acuut noodzakelijk en actueel, maar wel een ander feminisme dan ik had vermoed. Het was niet de strijd tegen de zorg, maar de wil om de zorg te delen. In die strijd stond ik niet tegenover mijn kind, maar tegenover een belachelijk ouderwets, betuttelend dwingend en rigide denkende staat, een aantal in bordkartonnen stereotypes redenerende individuen, en soms inderdaad, tegenover mijn eigen progressieve vent. De grootste tegenstander was een systeem dat ooit gebaseerd was op een seksistische maatschappij, waarin het kapitaal een mannelijke bezigheid was, en de zorg een kwestie van rijkere vrouwen (thuis bordurend), middenklasse vrouwen (die hun zorg overnamen) en armere vrouwen (wie nietsdoen werd verweten, maar die zich ziek werkten om hun gezin te helpen overleven). Het waren zinnen die ik ooit had zien staan en had afgedaan als extreem. Maar vandaag zag ik er de waarheid achter. De halftijds werkende caissière. De statistieken, die aantoonden hoe vrouwen gemiddeld dubbel zoveel zorg verzetten in huis als mannen en dat 80% van vaderschapsverlof opging niet aan zorg of opvoeding, maar aan mannelijke hobby's en reizen. De gebruiken, waarbij gezinshoofden meer geld verdienen en huisvaders sneller promotie maken dan hun echtgenotes. De verwachting dat mama thuisblijft bij zieke kinderen. Zoals een huis gebouwd op zwakke grond, scheurden alle goedbedoelde bouwsels op een fundamenteel systeem dat in wezen rot is.

Het was niet borstvoeding die vrouwen knechtte en hen tijd en slaap afnam. Flesjes werden immers evengoed door moeders gegeven, zij het met meer inspanning – en vaders verschoonden daarom niet meer luiers. Het was niet moederkindbinding die de gelijkheid van man en vrouw bedreigden, maar de maatschappij die moeders met geest, wet en vooroordeel bindt aan een oudbakken, nutteloos vrouwbeeld. Wat wij nodig hebben is niet dat vrouwen van kinderen bevrijd worden of op een mannelijker manier moeder zijn. Wel de aanvaarding van vrouwen zoals ze kiezen te zijn, van weloverwogen keuzes van moeders; een mentaliteitsverandering die doorsijpelt in wet, liefde, werk en omgang, en die respect toont voor relaties en mensen, voor rollen, situaties en complicaties.

Dat soort verandering laat zich veel moeilijker vangen in slogans of in loze kreten zoals 'à bas met het natuurlijk moederschap!' Ze behoeft veel kleine aanpassingen en een gezondere kijk op ouderschap en leven. Het is een subtiel veelvormig antwoord op een subtiele veranderlijke werkelijkheid. Daarin hoeft niemand de vijand te zijn, en wint iedereen.

Savannebaby's en kantoormama's

Tot op heden wordt moeders de wet voorschrijven als een essentieel deel van voor kinderen zorgen gezien, maar de maatschappij organiseren zodat ouderschap makkelijk en prettig wordt, dat blijft ongewoon.

Gabrielle Palmer, *The Politics of Breastfeeding*

Zo'n drie miljoen jaar geleden sjokt de mens over de savanne op zoek naar knabbeltjes. Zoiets doe je in groep, want in de wildernis moet je je verdedigen. Baby's neem je overal mee. Ze verhuizen van heup naar heup en zelfs borstvoeding is inwisselbaar met zoveel lacterende vrouwen in de stam. Buiten wat stress met roofdieren is het best een aangenaam leven. Je loopt de hele dag kletsend bessen te eten en babybreaks te nemen. Je moederlijke heupen zijn een hooggewaardeerd schoonheidsideaal, verafgood in minibeeldjes.

Dertienduizend jaar later besluit de mens dat er genoeg met tenten gesleept is. Baby gaat op moeders rug mee naar het veld, schooit tussen de schapen en honden, amuseert zich met andere dorpskinderen. Jijzelf hebt veel sociaal contact, al wordt de nachtelijke zorg intensiever en je dag wat zwaarder door het leven in gezins- in plaats van stamverband.

Tijdens de middeleeuwen hebben veel vrouwen werk. Handelen, kantklossen of weven; het zijn beroepen combineerbaar met kinderzorg. Generaties wonen onder één dak en delen de zorg als vanzelfsprekend. Op boerderijen werken vrouw en man samen, het leven is hun gedeeld bedrijf. De enige kinderen die een opvoeding krijgen apart van hun ouders zijn de adel en koningskinderen. Dat is er met alle gekte, onthoofde vrouwen, liefdeloze hoven, gruwelijke lijfstraffen, martelingen en laaiende oorlogen goed aan te merken.

Met de Industriële Revolutie worden vrouwen voor het eerst niet-mama-compatibel tewerkgesteld. Fabrieken lopen op goedkoop vrouwelijk werkvee. Traditionele mamaberoepen worden gemarginaliseerd, boerderijen worden schaars. Baby's hangen aan hun uitgeteerde moeders lijf of worden bij familie achtergelaten. Kleuters moeten zelf al uit werken en vallen vaak aan uitputting, ziekte en moordend fabrieksapparatuur en -ritme ten prooi. Een kleine elite wordt zorgvuldig door nanny's opgeleid, geïsoleerd van hun ouders. Vandaag zijn de gruwelijkste fabriekspraktijken ver weg geëxporteerd. Wij werden collectief kantoorlui. Eerst de mannen, op wiens leest het kantoorleven is geschoeid. Dan de vrouwen, die in het kadertje moeten passen. Kinderen zijn er niet welkom.

Al die tijd bleef de biologische verwachting van onze kinderen ongewijzigd: baby's zijn afgesteld op een groeps-, dragen- en savannerealiteit. Het aantal babyboeken en huilbaby's groeit evenredig terwijl we hun verwachting verder negeren. Nu en dan wordt een daad gesteld. Een politica neemt eens haar pasgeborene mee naar het Europees parlement. Een gehypete zet. Een taterende kruiper of eigenwijze peuter, dat is realistisch. Die maken lawaai, vragen tijd, zijn niet negeerbaar. Haar gebaar veroorzaakt geen betere omstandigheden en schept hoogstens de verwachting dat je amper bevallen, zwak en met zuigeling, weer werken gaat. Echte oplossingen blijven uit.

Was werk op vrouwenleest geëvolueerd, dan waren werk en privé waarschijnlijk harmonieuzer vergroeid. Nu moeten we het stellen met halfslachtige corporate integratiepogingen: flexibele werktijden, die meestal overuren betekenen; bedrijfscrèches ver weg van mama; viervijfdenjobs met de werklast van een fulltime.

Met de crisis als excuus worden die luttele luxes geschrapt, en een heleboel jobs van mama's ook. Noodgedwongen zoeken die moeders oplossingen, vaak inventiever dan een kantoorjob. Ze herscholen, richten deeltijdbedrijfjes op, werken thuis. 'Do it yourself'-mama's verkopen in webwinkels leukere kleertjes dan Prémaman. Soms werken ze minder, soms meer, en altijd anders. Financieel is hun bestaan onzekerder, maar fijner voor hen en hun kinderen.

Hoe kan het ook anders? Onze werkregimes zijn een recept voor ongelukkig leven en frustratie. Ook op wereldschaal klopt ons leven niet meer. Anders gaan werken, denken, leven: het kan, met wat inventiviteit. En het moet. Vandaag is anders wel degelijk beter.

Over opvang en oudjes

Wees altijd aardig voor je kinderen. Zij kiezen later je rusthuis uit.

Phyllis Diller

Toen ik mijn stuntelige lijstje bovenhaalde, had de crècheleider gegrijnsd. '*Madammeke*, laat uw vragen maar zitten. U bent al tien weken zwanger; qua opvang hebt u in Brussel geen eisen meer te stellen.' We schreven ons, ietwat onthutst en bedremmeld, toch in. De man had een punt: crècheplaatsen zijn schaars in de hoofdstad. Alleen had hij niet met onze FDF-gemeente gerekend, waar Foetus Ledoux als Nederlandstalige ultraminderheidsbaby een wildcard kreeg in de prachtige buurtcrèche. Kleine groepen, bosrand, creatieve leidsters? Check, check, check. De peuters gedijen in de knusse, chaotische doe-maar-aansfeer. Mijn anarchistische ziel jubelt. Met drie maand kan ze erheen.

Zoveel maanden later ben ik moeder en heb stapels boeken en scripties over babyhersenen en -ontwikkeling achter de kiezen. En vooral, Foetus Ledoux is nu Bebe Ledoux: wakker, snoezig, glanzend van oog. Opvang is geen oplossing meer, maar een twijfelfactor. Met twee maand is ze platjes, knuffelgraag en afhankelijk van veel zorg. Ik schort de crèche op tot zes maand.

Steeds weer doemt de babyafdeling van de Supercrèche in mijn gedachten op. Hoe prachtig ook de principes en de inrichting: zelfs in topcrèches blijft babyopvang behelpen. Een paar leidsters, een hoop baby's. Dat moet verschoond, gevoed, gekleed; veel meer lukt niet. Ze liggen vooral urenlang in wiegen, boxen of wippertjes de uiteindelijke komst van hun ouders af te wachten. De verveelde, zoekende, knuffelhongerige blikken van die baby's staan op mijn netvlies gebrand. Met zes maand kan Pup nog niet kruipen en hulp vragen. We schuiven met uren, zodat the Man en ik de opvang nog een tijd kunnen verdelen.

Opvang is zelden leuk, en meestal moet het. Onze maatschappij zet ouders onder zware sociale en financiële druk. Na de geboorte moeten ze zo snel mogelijk weer meedraaien als een hamster in een rad, en de baby wordt meegezeuld. Daardoor is steeds meer opvang nodig. Het beleid creëert dus hogere quota, maar weerhoudt de extra middelen. Zelfs excessen als babyinternaten worden getolereerd.

Onze overvraagde crèches bieden schamele noodoplossingen. Er mankeren armen om te dragen en troosten. Drinken kan op schema of bij luid protest, slapen moet vanzelf gaan. Dat is onprettig, niet vanzelfsprekend en ook al niet erg gezond. Huilen, het ultieme noodsignaal voor baby's, wordt vaak genegeerd. Zelfs de babynood bij uitstek: één liefdevolle, bekende verzorger als basis, kan een crèche meestal niet garanderen: crèchezorg is een slecht betaald knelpuntberoep met constante wissels en laagopgeleide, overstresste verzorging. De opvang ploetert niet uit onwil, maar uit gebrek.

Crèchebaby's zijn vaker wiegendoodslachtoffers en hebben hogere stresshormoonspiegels. Van veraf lijkt alles in orde:

ondanks zijn broos uiterlijk is een baby immers taai. Een ligplaats-, luier- en flesregime volstaat om te overleven. Voor een gelukkig, tevreden kind is echter meer nodig. Hoe voelt een baby zich in de Spartaanse quota bij weer een vreemde leidster? Hoe toereikend is de versnipperde affectie?

Die vragen doen me de babyopvang afzeggen. Als peuter vindt Pup het vast leuker in de supercrèche. Maar ik blijf denken. Vroege zorg, weten we intussen, bepaalt karakter en breinvorming. Een vervulde baby wordt productief, probleemloos, evenwichtig als volwassene. Luxecrèches en lang moederschapsverlof betekenen wellicht meer geluk, een gezondere bevolking, minder volle gevangenissen. Kortom, op lange termijn bespaar je ermee.

Kan onze vergrijzende samenleving zich deze situatie überhaupt veroorloven? Als baby's met grote ogen, snoezige voetjes, bolle wangetjes gebrekkige zorg krijgen, hoe moet het dan met gammele oudjes? Als onze spieren verslappen, ons geheugen en verstand vertroebelen, wensen we ons dan een natte luier, een blèrende tv, eenzaamheid? Willen wij beperkte drank- en eetmomenten en machinale verzorging? Tekenen we met onze ondermaatse crèches voor een rottige oude dag?

Werken met een baby: een instrument

Is werken met een baby mooie theorie? Thuisblijvend, thuiswerkend of uit werkend, je moet als moeder of vader iets gedaan krijgen. Een fles- en luierregime is daarvoor niet nodig. Thuis draag en verzorg je je kind vanzelfsprekend en van nature meer dan in een crèche. Je aandacht is zelfs bij

meerdere kinderen minder versnipperd dan in opvang, je inzet en zorgzaamheid veel groter door je emotionele band.

Praktisch kreeg en krijg ik zelf vrij veel gedaan door draagdoeken. Voor de geboorte van Bebe zag ik de rekbare doek, geleend van een vriendin, als een soort neo-Tibetaans gebedskleed. Verre van mooi was het ding, al dat wikkelen was gedoe, het was gewoon niets voor mij. Maar bij gebruik bleek de draagdoek een makkelijk middel, het voelde lekker, de stof was zacht. Mijn pasgeborene zat knus, en zowel voor haar als voor mij was het een stuk veiliger, ergonomischer en prettiger zittend dan een BabyBjörn.

De draagdoek evolueerde van neobaarmoeder voor prille Bebe naar een middel om een zieke slapeloze Pup troost en slaap te geven. Nog later hield ik haar grijpgrage handen uit mijn manuscripten en de mijne vrij voor werk. Ik kocht een geweven doek, die draagkrachtiger was en haar vederlicht deed voelen. Als bonus was het een model dat mooi en elegant was. Het neo-Tibetaans model verhuisde naar de opbergkamer. Ik leerde rugdragen, zodat er niet de hele tijd een bobbel op mijn buik zat, een iets grotere Pup zich bezighield met meekijken over mijn schouder, prullen aan mijn haar of aan een speelgoedautootje, en ik best wat werk verzet kreeg. Ik liet de buggy verstoffen, want met het openbaar vervoer was dragen tien keer makkelijker en sneller.

Natuurlijk zat en zit Pup niet 24/7 op mijn buik of rug. Maar op de momenten dat ze zich niet lekker voelt of mamahonger heeft, is een draagdoek makkelijk. Ze leeft mijn leven mee, voelt zich veilig, en sinds ze een maand of zes is flirt ze zich ook te pletter met elke straatpassant. De appel valt niet ver van de boom.

Buiten een handig tijds-, levens-, en mamabesparend

t schijnt het nog goed voor ze te zijn ook. Baby's edragen worden hebben een rond hoofd dat niet nder dan dat van liggende baby's afgeplat is. Hun lichamelijke coördinatie en evenwichtsgevoel is beter. Ze hebben grotere spierspanning en worden motorisch gestimuleerd. Ook je baby zelf wordt dus minder platjes. Baby's met reflux hebben grote baat bij dragen; bij rechtop dragen minimaliseert de zwaartekracht het omhoog vloeien van zuur.

In een uitgebreide test bleken baby's die twee uur per dag meer werden gedragen dan gewoonlijk, gemiddeld veel minder te huilen dan de controlegroepen die niet werden gedragen of gewoon gesust met geluid, wandelwagens of andere middelen. Elke ouder of kinderverzorger heeft zich wel eens met barstende hoofdpijn afgevraagd hoe het gehuil te stoppen en de raadgeving gehoord het kind niet op te pakken. Dragen is wel het tegendeel: het werkt als een soort spaarrekening, met stilte en een tevreden baby als rente. Dat maakt het goed voor hen, en ook voor elke babyverzorger. Bovendien redt het je van gillende gekte door permanent babyzorgen.

Werken met een baby: een utopie?

Ik pleit er niet voor dat je je aan werkactiviteit onttrekt, wil vrouwen niet weer terugkatapulteren naar de jaren 1950 en besef dat iedereen een ander leven heeft. Ik weet dat ik geluk had dat ik kon thuiswerken (al lijkt de hele dag luiervrij op een kantoor zitten me bij momenten een luxe, en vergt mijn werk soms veel gepuzzel).

Ik geloof dat mijn oplossing – met mijn kind thuis zijn – een gehandicapte regeling is. Ze beantwoordt van alle mogelijke oplossingen het best aan onze situatie, omdat ik aan Pup merk wat wetenschap en onderzoek duidelijk onderschrijven: dat de toegang tot een heel vertrouwde opvoeder een nood is van elk kind. De gehechtheid, tederheid en responsiviteit die daarvoor nodig is, is zelden te vinden bij een crècheleidster of gastouder, eerder bij een (groot)ouder.

Ik noem het een scheve oplossing, omdat ik geloof dat de twee populaire oplossingen die ons vandaag ter beschikking staan onnatuurlijk zijn. Bij kinderopvang en werkende ouder, worden baby's en ouders in aparte doosjes opgeborgen bij een stel vreemden. De een in een kantoordoos, de ander in een crèchedoos. Bij thuisblijven zitten ouder en kind elkaar op de lip, allebei met een nood aan contact met leeftijdsgenoten, *peers* of zelfs simpelweg anderen.

In geen enkele maatschappij is dit soort vreemde situatie ooit gebruikt, behalve in ons moderne model. Van het stammodel in elke 'primitieve' beschaving tot het werk op boerderijen; kinderen en ouders deden er hun ding, met toegang tot zowel andere kinderen en volwassenen als tot elkaar. Er was een openheid naar buiten toe, waarbij de veilige zone van het kind zich verder uitstrekte dan de voordeur van de eigen woning en de ouders vertrouwenspersonen had in de onmiddellijke fysieke omgeving. De nucleaire wereld van het kind was niet de fragmentarische opvolging van thuis/crèche/stad of het ouderlijk equivalent nucleair gezin/werkplek/ontspanningsplekken, maar een kring van vertrouwen die iets soepeler werd per ring: ouders en andere kinderen/uitgebreide familie/dorp.

Wat we instinctief nodig hebben, zowel voor ouder als kind, is de combinatie van werk(plek) en kinderzorg. Een plek waar kinderen kunnen spelen, en vrije toegang hebben tot hun ouders. Een plek waar je niet de opsluiting kent die je berooft van je gelijken zoals een thuisblijfmoeder of -vader, maar ook niet je kinderen afvoert.

Het lijkt een utopie, omdat onze werk- noch leefplekken er momenteel op zijn ingericht. In ons privéleven kennen we onze familie niet voldoende om samen te kunnen leven, en zijn we de sociale soepelheid van de uitgebreide familie of het stamleven verloren. Met onze manier van persoonlijke relaties onderhouden is het moeilijk voor te stellen dat we genoeg losheid kunnen bereiken zoals nodig voor dagelijkse omgang met verwanten of vrienden. Maar tegelijkertijd is het een vanzelfsprekendheid. Ouders hebben de nood om hun kinderen te zien en te verzorgen. Kinderen hebben de nood om van hun ouders te leren. Ouders zijn sociale wezens, die nood hebben aan onderling contact, verlichting van wederzijdse zorgtaken en tijd voor eigen werk. Kinderen zijn sociale wezens, die nood hebben aan onderling contact om hun sociale instinct tot samenleven te verkennen en aan een veelheid van relaties om verschillende sociale verhoudingen uit te testen.

Ik geloof, ondanks de veelheid aan realiteiten waar werkende ouders in leven en de duidelijkheid die het geestelijk uitgemergelde kerngezin als 'hoeksteen van onze samenleving' in zowel onze instituties, onze rolmodellen als ons bewustzijn inneemt, dat werk in het algemeen beter gecombineerd kan en móet worden met kinderen. Niet via de vreemdste glijdende uren, door idiote overuren te trekken of door de rest van je leven te vergeten, maar door de combinatie van beide, en de vermenging van werk en het grootbrengen van kinderen met ons sociale bestaan. Ik geloof dat het fulltime wegbergen van onze kinderen terwijl wij werken of het alleen zijn van ouders met hun kleine kinderen niet alleen onnatuurlijk is, maar nie-

mand goeddoet of gelukkig maakt: noch hen, noch ons, noch de samenleving en onze gezamenlijke toekomst.

Om een combinatie van beide mogelijk te maken is geen enorme revolutie nodig. Sommige vrouwen en mannen combineren werk en kinderen al. We hebben vooral een flinke algemene mentaliteitswijziging nodig; een nood die veel ouders al voelen, net zoals we die nodig hebben en voelen in andere aspecten van onze samenleving.

Het opentrekken van ons nucleair gezin naar een organischer en ten gronde eigenlijk normaler samenleven zou geen vermindering van privacy betekenen – waar hebben we immers minder privacy dan op ons werk, waar we ons de hele dag in onnatuurlijke rollen, kleren, gedrag en reacties persen en omgaan met vreemden? – wel zou het ons een vrijheid geven die we nu in al onze keuzes mankeren, met fluïde rollen en een lossere omgangssfeer.

Tot dat soort nood de politiek en ons economisch besef binnendringen, is het waardevol om met kleine beetjes tegelijk te kijken wat te veranderen valt. Thuis werken we soms op de raarste momenten en plaatsen, in bed, 's ochtends, in het weekend. Die kleine momenten gecombineerd zorgen ervoor dat ik vaak bij Pup kan zijn, en dat haar papa, zoveel als een meer-dan-fulltime job toelaat, zijn dochter kan leren kennen. Een ontmoetingsplek met andere moeders in de buurt zorgt ervoor dat ik regelmatig weliswaar met vreemden in één kamer zit, maar dat Pup tenminste die sociale omgang oefent terwijl ik in de buurt ben voor 'mama-tanken' als het nodig is. Ons leverden deze soms gecompliceerde regelingen een rustiger en geruster leven op, en bespaarden hartgebroken momenten aan een crèchedeur.

Sommige moeders nemen hun kind de eerste maanden

mee naar de werkvloer. Een kleine baby die op het lichaam van zijn moeder slaapt, maakt zelden amok. Een rustige baby kan zelfs in een wiegje of mandje naast haar liggen. Dat zorgt voor een gelukkiger baby, makkelijker voeden en een moeder die zich gewaardeerd voelt op het werk. Ook de sfeer kan er bijzonder op verbeteren. Een baby is de beste ijsbreker. Wanneer het kind groter is, blijven sommige vrouwen hun kind meenemen naar het werk. Soms halftijds, soms met glijdende uren. Soms werken ze een gedeelte van hun tijd thuis.

Het loont de moeite de vraag te stellen of het gesprek aan te gaan. Soms wordt zo'n vraag op een bulderlach onthaald bij je baas, maar dat is het ergste wat kan gebeuren. En dat leert je weer iets over je werkgever.

Ook op wereld- en staatsvlak zijn veranderingen te maken, zodat we onze collectieve flinkheid in het achterlaten van onze kinderen gewoon mogen en kunnen loslaten, maar ook gelukkiger, meer ontspannen in werk en ouderschap worden. Het klinkt als een utopie. Maar ik geloof dat in zo'n samenlevingsvorm andere oplossingen, een andere maatschappij, en wellicht veel meer geluk voor het grijpen liggen.

Het is een droom, en misschien een reden om me gek te verklaren. Maar in dat geval horen veel ouders samen met mij gek verklaard. Want het is een droom die we met velen delen.

De knuffelgeneratie

Elke baby heeft een schoot nodig.

Henry Robin

Een vriendin vertelt: ‘Mens, wat ik onlangs hoorde. De baby van mijn collega slaapt alleen in als ze hem vasthoudt. Wat zijn wij toch een knuffelgeneratie, hé? Ik was al blij dat het bij ons niet zó erg is.’ Ik slik, glimlach en zeg: ‘Ach, erg is relatief.’ Met een heel slechte pokerface.

Mijn vriendin heeft namelijk een kind als een kuikentje, dat van geboorte af hyperrustig is. Mijn Pup daarentegen is gewoon hyper. Ze heeft een premature voorliefde voor rollen over het bed, in de lucht gegooid worden, en houdt van omgekeerd hangen. Educatief-stimulerend speelgoed is haar te saai. Struikel ik met haar dan lacht ze, een middag thuis vindt ze frustrerend, bij regen huilt ze niet maar tuurt de wolken benieuwd in de kletsnatte ogen. Een heerlijk kind om mee te stoeien, want ze durft en verwelkomt elke nieuwe sensatie. Maar als ze slaap heeft, kijkt ze me aan met moeë hyperdepieperoogjes en een gefrustreerde blik: ‘Hè verdorie, er is vast nog een hálve wereld te ontdekken!’ Kortom: ook mijn baby vat de slaap alleen in mijn armen. Ik draag het kind ook nogal vaak. Met een kat die misschien ‘dissecteer-de-baby’ wil spelen is het Russische roulette om haar alleen te laten. Dat ze graag gedragen wordt, is meegenomen.

Oudere echtparen die Pup bezoeken zien gruwend toe hoe het kind met ons slaapt, lacht en speelt. Ze bijten op hun tong om ons niet terecht te wijzen, maar krijgen het 'leg ze toch in haar bed, als ze genoeg weent slaapt ze wel!' vaak toch niet ingeslikt. En sowieso zie je ze denken: dit kan nooit goed zijn. Begrijpelijk, zij werden als ouders gevormd in de jaren 1950, die strengheid predikten, en waarschuwden voor, bedorven baby's. In hun ogen zijn we een verloren generatie aan het opvoeden, verwend tot op het bot. Onze meisjes zullen huishoudens van Jan Steen voeren terwijl de jongens, madeliefjes vlechtend en newagemuziek neuriënd, in het gras zullen niksen.

Ik pleit trouwens schuldig. Sinds de bevalling ben ik een weekdier. Elk krasje op het gave vel van mijn kind doet me schrikken als was het een gapende wond bij mezelf. Ik troost uitbundig en kietel het kind tot ze kraaiend giert. Overstelp haar eindeloos met kussen voordat ik ocharme om de hoek brood ga kopen. Papa geniet en triomfeert: voor Pups komst was hij de enige sentimenteel in huis, nu zijn we drie emotionele gekken bij elkaar. De kat kijkt minachtend op ons neer en gaat vechten met de buurkatten uit pure walging over zoveel honingzoeterij.

We zijn met velen. Vandaag lijkt de knuffelouder te regeren. Massa's stellen in onze omgeving blijven veel langer dan drie maand thuis omdat ze hun baby te jong vinden voor kinderopvang. Ze geloven in 'draagbaby's' en niet-straffend opvoeden, willen hun kind vooral laten ontplooien en zichzelf zijn. Waar mogelijk wordt onze kinderen elke frustratie bespaard. Hechting en liefde zijn onze buzzwords.

Soms fantaseren the Man en ik zelfgenoegzaam over hoe veilig ons kind zich wel moet voelen. Hoe geweldig zelfzeker ze in het leven zal staan dankzij onze liefdevolle omgeving. Zelf moet ik nog een spatje slecht karakter over hebben. Want onherroepelijk zie ik Pup als tiener voor me, die haar luiheid en inertie aan ons wijt. Een vrouw die ons gebrek aan dril en discipline onbegrijpelijk vindt, haar borelingen doof laat huilen en ze met twee weken een crèche in pleurt. En die ons als grootouders op de tong zal zien bijten tijdens het kraambezoek. Want wij ouwetjes zijn er pijnlijk van overtuigd: ze voedt een verloren generatie op…

Supermama

Bij het opstaan 's ochtends word ik verscheurd tussen het verlangen om de wereld te verbeteren en dat om ervan te genieten. Een dagplanning maken is daardoor erg gecompliceerd.

E.B. White

Maanden geleden is het dat ik van Bebe beviel. Intussen is ze kaal, vijf kilo steviger, en kijkt ze zo verstandig uit haar intussen hazelgroene ogen dat ze vaker 'Pup' dan 'Bebe' wordt genoemd. Ik ben helemaal dezelfde. Alle rondeur is weggesmolten, mijn buik bijna weer strak, mijn zwangerschap lijkt ver en grijs. Ik kan in bijna al mijn kleren weer en ben het toonbeeld van een hippe mama, licht uitgegroeid kapsel en slaapwallen daargelaten.

Of dat mag de wereld geloven. Het volksgeloof wil immers dat alle moeders op dezelfde manier veranderen. Ze worden weekhartig, rommelig, laten werk, huis en fysiek verloederen en isoleren zich sociaal. Hun brein verpuddingt, ze worden frigide angsthazen. Geef toe: wie vereenzelvigt zich nu met zo'n schrikbeeld? Daarom doe ik me onveranderd voor. Maar ben heel anders, zij het niet zoals het volksgeloof wil.

Een paar details kloppen. De beruchte nieuwe-moedernonchalance, die uitpakt als een opluchting. Mijn idiote perfectionisme, van hypergetraind lijf tot continue werkstress, vervalt tot een prettig 'goed genoeg' met gezonde schrijflust. Maak ik me minder op? Man, ik raak nauwelijks gewassen. Gekleed ben ik zoals de dag toestaat en mijn haar staat vaak alle kanten op.

Ook wat seks betreft hebben ze een tijdlang gelijk gekregen. Als één onbeschermde keer strandt op negen maanden misselijk en vijf maanden slapeloos krijgt tante nonneke gelijk: seks is gevaarlijk. Werk maar eens een appel door je neusgat, en kijk hoe snel je weer wil snuiten. De relatie lijdt er niet onder: ook the Man is zo moe dat tijdens de sperperiode vrijen alleen in theorie wordt gemist. Wanneer de bovenbuur eens heel erg luid 'OH! AH! GOD!' brult zegt hij al luierverversend: 'Tiens. Zou er een ongeluk gebeurd zijn?' Ik zeg: 'Neuh lieffie. Seks.' 'Oh dat,' zegt hij opgewekt. 'Ach. Doen wij ook nog wel eens.'

Wat de rest betreft: ik ben inderdaad emotioneler geworden. Ik ga huilende baby's troosten. Kan geen vader tegen een kind horen schreeuwen. Help een lelijk gevallen fietser op straat. Maar daarbij heb ik ook stalen zenuwen ontwikkeld die het huilend kind plus zijn moeder kalmeren; durf en diplomatie om tegen de kleine te grappen, zodat Schreeuwpapa op zijn neus kijkt. En bij de val wuif ik ramptoeristen aan het doorlopen, bel het ziekenhuis, aai de gevallene over de rug, check een been op breuken én negeer een drukdoende maar nutteloze agent. Hij kan het wellicht zelf niet helpen, de arme man. Hij is immers geen mama.

Verbaasd over mezelf wandel ik vijf minuten later weg. Prioriteiten stellen, multitasken, leiding nemen, autoriteit uitstralen, de boel in geen tijd regelen: pas nu valt me op dat ik het al maanden dagelijks en vanzelfsprekend doe. Een jaar geleden was ik niet zo. Ik vond mijn vroegere zelf heel oké, maar deze nieuwe vrouw verbluft me.

De wetenschap kent die transformatie. Uit proeven blijkt telkens weer dat dieren- en mensenmoeders een verbeterde versie van zichzelf worden. Moeitelozer, efficiënter en harder werkend, dapperder, koelbloediger, zorgender, liever. Een eindeloos lijstje, maar het volksgeloof heerst hardnekkiger. Blijkbaar gelooft men liever in hersenloze moeders dan in schatten aan ondergewaardeerd potentieel. Minzaam glimlachende schooldirecteurs en pediaters blijven 'mevrouwtje'- en 'mama'-praat uitslaan. Bij promotie wordt 'Mammie' overgeslagen.

Daarom doen moeders massaal zoals andere helden. Ze zetten een masker op, doen alsof niets veranderd is, en verstoppen hun nieuwe superkracht. Ze doen de wereld draaien. Maar om uit te leggen dát, laat staan hóe ze dat doen, hebben ze echt geen tijd.

Baby's zijn spotgoedkoop

Een driejarige is een wezen dat bijna evenveel plezier heeft aan een schommel van 56 dollar als aan een klein groen wormpje dat hij in het gras vindt.

Bill Vaughn

Ooit bleek ik zwanger en brak er een tijdelijke staat van crisis uit op het thuisfront. Een baby! Dat kost toch handenvol geld? Ons spaarvarken was net vakkundig uitgemergeld na een paradijselijke vakantie en een citytrip, geboekt onder het schrikbeeld van tien babyspuug- en Zwitsalovergoten jaren. Zelfs bij the Man, die qua uitgaven overpermissief uitvalt, wekte een rekeninguittreksel posttraumatische verschijnselen op.

Ik was door het googleresultaat voor 'hoeveel kost een kind' en een aantal preken over volwassenheid door goedmenende ouderfiguren evenzeer in shock. Visioenen van ziekenhuis- en doktersrekeningen, bergen kleertjes, fietsen, sinterklaascadeaus en schoenen waar Bebe als een spoetnik weer uit groeide verstoorden onze eetlust. Ik hoopte op een dom kind, zodat er niet gestudeerd moest worden.

Dankzij de stuipen op ons lijf en een streng monetair rantsoen raakten we snel uit de rode cijfers. Toch bleven we vakantie, etentjes, shopuitstapjes of cocktailavonden overslaan. Ik bakte zelf taarten, al stokte verdere *do it yourself* op drie griezelig mismaakte babysokken. Van eBay kwam een mooie wieg en ik schafte een voordelige wasmachine aan. Stinkduur speelgoed en tonnen kleertjes kregen we van vrienden uitgeleend. Gulle familie doneerde een prachtige kinderwagen. Zelfs twee identieke mobieltjes kregen we, die in stereo van Mozart naar Beethoven en Schubert zapten. Ik voelde me vreselijk volwassen.

Wat blijkt nu: baby's zijn verrassend goedkoop. Alleen luiers kosten veel. Was ik niet de halve dag en nacht bezig Pup in slaap te sussen of te houden, dan deed ik nog steeds een extra luierwasje per dag, zacht voor milieu en babybillen, maar ook voor de portemonnee. Nu zijn we tot ecoluiers veroordeeld, zodat ons geweten ons met rust laat tijdens de paar uur slaap die ons gegund worden.

Borstvoeding kost alleen een paar extra dikke boterhammen, spaart fitness uit dankzij slinkende lijn en immuniseert – de dokter vergeet steeds Pups naam. De wieg vindt ze grappig, maar slapen doet ze alleen in ons bed. Het speelgoed is saai, vergeleken bij mijn laptop slopen, haar vader meppen, 'Piep!'-spelen of onze lijdzame kat beklimmen. De Mozartmobiel maakte haar zo hyper als een Duracellkonijn en werd weggemoffeld met zijn tweelingbroer. Uit de kleren groeide ze nog terwijl ze ze aanhad; dure bloemenjurkjes komen er nog niet in. Het snoezigst is ze trouwens in haar mollige blootje, vol plooitjes en porseleinen tenen, of in mijn eigen vintage babyjurkjes. Zo vult onze garage zich met kleertjes en speeltjes. Zelfs de kinderwagen blijft beschamend nagelnieuw. Pup prefereert knusse tukjes in de draagdoek, die een fractie van de buggy kostte.

Een baby kan duur zijn, als je hem in baby-Gucci stopt en een babykamer vol toeters en bellen inricht. Het is cosmetica waar je vooral jezelf moe mee maakt. De baby zelf wil alleen de armen, de nabijheid, de voeding en het entertainment dat zijn eigen ouders te bieden hebben. Helemaal gratis.

Dankzij onze goedkope baby zwemmen we niet in het geld, maar zou een etentje af en toe best kunnen. Alleen hebben we geen oppas. De week aan zee braken we voortijdig af: Pup huilde de pannen van het dak en stopte pas bij thuiskomst. Een rasechte huismus heb ik gebaard.

Dus daar zitten we nu, the Man en ik: saai en spaarzaam volwassen te wezen. Gelukkig maar. Het kind kijkt immers zo intelligent uit haar ogen. Dat wordt ophoesten voor een doctoraat, later.

Cheapo-baby-tips

Dit was een relaas van mijn opluchting, en het onnodige bang zijn van een waanzinnig duur kind. Wie een waanzinnig goedkoop kind verwachtte, heeft wellicht de omgekeerde ervaring.
Als intussen ietwat beslagener mama durf ik wel een paar cheapo-baby-tips geven. Sparen voor een doctoraat is nooit weg. En wordt je nageslacht dom, dan kan je ermee op wereldreis tijdens de herexamens.

- Koop niet vooraf

Vanaf de geboorte heeft een kind niet alleen karakter, maar ook voorkeuren. In het snoezige wandelwagentje slaapt hij niet, wel in de draagdoek. De co-sleeper is niks voor hem, de wieg wel. Of omgekeerd. Je kind toont snel genoeg wat je nodig hebt, ook zonder het hele arsenaal in huis. Kopen als het nodig wordt, bespaart niet alleen een bom centen, maar ook een hoop woon- en garageruimte aan ongebruikt kindergoed.

- Leengoed

Nog een reden om niet vooraf te kopen: de baby's in je omgeving groeien even hard uit kleren, speelgoed en apparatuur als de jouwe. Van 0 tot 3 maand werd Bebe uitsluitend in uitgeleend materiaal gekleed. Pas toen ze echt hard ging groeien, was hier en daar een extra babypakje nodig.

- Wantrouw je babywinkel

Een geboortelijst is handig, maar gebruik vooral niet die van je babywinkel. Ze solferen je meer onnodige gadgets op dan McDonalds in zijn Happy Meals stopt, en smeren je beter duur goed aan dan een tweedehands autoverkoper. Wel betrouwbaar zijn de goeie ouwe spaarzame lijstjes van Kind & Gezin en het Consultatiebureau. Zes katoenen rompers, zes kruippakjes... Jawel, saai. Maar ook lekker goedkoop en efficiënt.
Een geboortelijst kan slim aangepakt worden. Maak een kleine lijst, met alleen essentiële aankopen. Zo krijg je wellicht een paar cadeaucheques; te gebruiken voor pyjamaatjes bij onverwachte groeispurts, of voor een compleet gesoldeerde garderobevoorraad aan de prijs van drie nieuwe pakjes.
Overweeg je lijst bij een webwinkel te leggen. De thuiswerkende mama's die hen uitbaten hebben meestal eerlij-

ker geproduceerde of handgemaakte spullen te koop. De kwaliteit ervan is zo goed als altijd beter, de service persoonlijker, de raad die je er krijgt een stuk nuttiger en fijner dan wat je krijgt in babyketens.

- Soms is essentieel niet essentieel

Onze wandelwagen was nog ongebruikt toen Pup een jaar oud was. Zij hield van draagdoeken, die een fractie van een wandelwagen kosten. Tegenover de goedmenende schenkers kwam het niet-gebruiken enigszins beschamend over. Hadden we die 'essentiële' aankoop maar uitgesteld, dan zaten wij niet verlegen met een stinkduur ongebruikt cadeau.

Ook de 'vanzelfsprekende' aankopen mogen in vraag worden gesteld. Een wippertje gebruikt de ene moeder voortdurend; bij ons lag het te verstoffen. Een box werd alleen gebruikt om Pup van het kattenvoer weg te houden. Kattenbrokken in de box, vrijheidsminnende Pup erbuiten. Iedereen gelukkig.

Mobiel, rammelaars, flessenwarmers, verschoontafel, Tummy Tub, speeltapijt, sterilisator, speentjes, flessen. Het zijn allemaal aankopen die essentieel kunnen lijken, en het maar voor sommigen zijn. De rest vult je huis. Maak het je makkelijker: minimaliseer.

- Gewoon niet kopen

Babyshampoo. Water is voldoende en gezonder (en als je peuter zich met hondenpoep insmeert, kan gewone zeep perfect).

Ph-neutrale zeep. De huid van je baby en jong kind blijft veel gezonder zonder zeep (bij hondenpoep: zie punt 1).
Zonnebrillen. Hoedjes zijn efficiënter en minder makkelijk af te trekken. Getinte brillen zouden bovendien de ontwikkeling van babyogen belemmeren.
Knuffelbeesten. Baby's hoeven ze niet, ouders nog minder. Er bestaat naast een boterberg en een melkzee ook een gigantische knuffelbeestenberg. Geen Afrikaans kindje dat nog een Samsonpop moet.
Knuffelbeesten 2.0, met interne nabootsing van baarmoedergeluiden, hartenklop van de moeder, vibrerende functie om indruk van leven te geven. Ik vraag me af welke baby liever getroost wordt door de baarmoedergeluiden en de hartenklop van een vreemde dan door die van zijn eigen mama. Als hij troost nodig heeft, pak je hem op. Makkelijk, en gewoon *the real thing*.
Babydekbedjes en -kussens. Misschien snoezig, wel gevaarlijk, niet nuttig.
Badthermometers. Als het water de temperatuur van je elleboog heeft, is het prima. Extra voordeel: niets dat kan stukvallen of verloren gaan.
Babyfluisteraars- en supernannyboeken. Bij elke baby krijg je massa's platte kritiek en live raadgevingen gratis van mensen die denken te weten hoe het moet. Niemand hoeft extra porties daarvan in boek- of dvd-vorm.

- Koop tweedehands

Massa's andere ouders zijn natuurlijk wel in de babywinkelscam getrapt. Hun ongebruikte spullen, speelgoed in prima staat, ongedragen babykleertjes pik je voor een fractie van de prijs op. Check niet alleen eBay; andere zoekertjessites hebben meer verborgen schatten, zijn goedkoper en minder zenuwslopend. De degelijke tweedehandsbeurzen van de Gezinsbond zijn betrouwbaar en worden overal in Vlaanderen georganiseerd. Een wildere gok zijn Spullenhulp, Leger des Heils en andere liefdadigheidswinkels. Je kan er makkelijk drie bezoeken lang alleen een lichte mottenballengeur opdoen. Bij dat vierde bezoek tik je een Gucci-babyjas op de kop voor vijf euro. Of zelfs iets echt bruikbaars.

- Verkoop tweedehands of doneer

Ongelofelijk maar waar: ook jouw minibaby groeit als een spoetnik uit die snoezige pakjes en je zorgvuldig uitgezochte speelgoed wordt soms niet aangeraakt. Als je tweedehandsverkoop niet ziet zitten, bel dan een lokale hulporganisatie op en vraag welke spullen zij kunnen gebruiken. Bij wie zelfs de goedkoopste baby een heel grote kost is, krijgen jouw nog mooie spulletjes een waardevol tweede leven.

- Luier herbruikbaar

Nadat ik las dat een baby aan luiers alleen al een ton afval produceert, was ik het vast van plan. Buiten de ecologische besparing, wint herbruikbaar luieren een hoop geld, zelfs met waskosten inbegrepen. Herbruikbare luiers gaan meer dan één babytijd mee en zijn bruikbaar voor zusjes en broers. Tweedehands brengen luiertjes nog wat op.

Erg goedkope modellen strik je zelf, iets duurdere werken met handige kliksysteempjes, all-in-one luiers werken zo snel als wegwerp, alleen gooi je ze in de wasmachine in plaats van de vuilnisbak.

- Heroverweeg opvang

Als twee ouders elk een dag minder werken, bespaar je twee dagen opvang uit. Als je kosten van opvang van je uurloon aftrekt, verdien je plots een heel stuk minder. Is de stress en het loon het nog waard? Je kan jezelf minstens de vraag stellen.
Ook het overwegen waard is alternatieve opvang. Als je thuiswerkmama bent, kan een opvang aan huis voor een beperkt aantal uur nuttiger, aangenamer, goedkoper zijn dan geïnstitutionaliseerde dagenopvang. Als je deeltijds werkt, is ruilopvang een heel fijn systeem: jij let een paar uur tot een paar dagen mee op de baby of kinderen van een gelijkgestemde mama, zij vangt jouw kindje(s) ongeveer hetzelfde aantal uren op.
Ook nog een optie: het goeie ouwe familievangnet. Als oma's en opa's, tantes en ooms tijd hebben en liefdevoller, zorgvuldiger opvang bieden dan een oppas, zijn ze meer dan het overwegen waard.

- Drop de babykamer

De eerste maanden, en zelfs langer dan dat, slaap je langer en makkelijker als je kind dichterbij ligt dan op een babykamer. Is dat slecht voor je seksleven? Dat hangt ervan af. Brengt vijf keer per nacht hollen naar een ontroostbaar

baby'tje of drie nachtvoedingen, wegdoezelend in een koude schommelstoel je meer in de stemming dan een tukkend kind op je kamer of in je bed? Ook hoeft een baby niet wakker te worden als je *bezig* bent. Is dat wel zo, overweeg dan een net iets minder vanilla seksleven en overweeg (oh onhoudbare spanning!) een plek buiten je bed. Bekkeninstabiliteit, rugklachten, hernia? Dan leg je de kleine slapend even ergens anders, en doe je alsnog *the wild thing* in eigen bed. Als je tenminste nog puf hebt met al die gammelte.
Ook alle sekspraat terzijde blijft een babykamer een twijfelachtige investering. Ze kost handenvol geld en tijd, en jij kan in een zwangerschap nochtans alle rust gebruiken. Dat terwijl een baby biologisch helemaal geen plek 'voor zichzelf' wil. Hij denkt nog jaren dat jij bij 'zichzelf' hoort en vindt de babykamer wellicht doodeng. Meubelarrangementen kunnen een kleintje ook niet schelen. Kleertjes kunnen in gelijk welke kast; de bloemetjes, het behang, de mobieltjes en mooie stickers zijn voor hem lang niet zo leuk of spannend als jouw gezicht. Wat een baby wil is gratis en simpel: jouw nabijheid.
Bang dat je met al dat softe ouderschap vol samen slapen en draagdoeken spontaan dreadlocks groeit of antiglobalistische neigingen krijgt? Geen zorgen: massa's samen slapende gezinnen zijn mainstream en houden het gewoon stil. Ben je echt bang dat samen slapen niet veilig is? Een slaapmandje dat je bij je kan dragen en 's nachts naast je bed kan zetten is een fijn alternatief. Het houdt je baby dichtbij, is bijna even handig voor het voeden, je kan hem

bij je nemen als een van jullie dat wil of nodig vindt. Huisdieren horen niet thuis in een babyslaapkamer, maar als je een mandje of wiegje naast je bed kiest, is het dubbel oppassen voor dieren geblazen. Een tweede optie, waarbij je sneller en nog makkelijker contact hebt, is een co-sleeper. (Er worden speciale co-sleepers gemaakt. Je kan er ook zelf een maken door van een babybed één zijkant af te halen, het goed te stabiliseren, op de hoogte van jouw bed in te stellen en het stevig vast te maken aan je bedonderstel.)
Wil je toch een babykamer, verf dan vooral niet te kort voordat de baby er is, of gebruik biologische verf. Klassieke verf lekt nog een tijdlang chemische stoffen. Die zijn erg ongezond voor je kind.

- Borstvoed

Goedkope babyvoeding nummer één: borstvoeding. Je bespaart naast duizenden euro's aan poedervoeding ook aan apparatuur (flesjes, warmers, poedertorens, gigantische lelijke opbergtassen); dokterskosten (voor de kleine en jezelf); sportschool (overbodig door extra calorieënverbranding); chocolade (feelgoodhormoon gratis bij het voeden) en zelfs neus- en oogdruppeltjes (door de antibacteriële werking ontstopt en ontsmet borstvoeding neuzen en ogen).

- Vervang

Dubbelgeplooide deken = lekker warm speeltapijt
Pannetje water op het vuur = flessenwarmer
Heet water = sterilisator

Flesje, half gevuld met rijst of water = interactieve rammelaar
Stukjes gescheurd laken gedoopt in lauw water met wat tea tree olie = dure biologische babywipes
Pot warm water met wat drupjes etherische olie = hightech, dure, lawaaierige verstuiver voor slaapkamer van baby's met verstopte neus (lavendel: drie druppels van 0-6 maand; grove den: drie druppels vanaf 6 maand; eucalyptus globulus: zeer ontstoppend, pas vanaf 6 à 9 maand. Voeg een drupje rozenolie toe voor lekkerder dromen.)
Jouw ongezouten, gezonde avondeten, fijngeprakt of in stukjes = potjesloos voedsel, vanaf zes maand oud
Samen met je baby onder de douche gaan of in bad zitten = Tummy Tub of babybad. Ook een stuk gezelliger.
Touwtje om twee kastknoppen, geknoopt met een beetje speling = babyveiligheidsslot.
Mama's of papa's lijf = live multimedia entertainment center. Onuitputtelijke opties. Interactief. Een hit bij elke baby. Compleet gratis.

Bespiegeling

Wanneer vrouwen babygewicht kwijtspelen, krijgen ze niet alleen hun pre-zwangerschapslichaam terug. Ze vernietigen alle bewijs dat ze een baby hebben gekregen. Het post-babylijf wordt van die hele prestatie ontdaan.

Katie Gentile, the Daily Beast

Met een baby die je boekenkast verbouwt terwijl je een enkele zin schrijft is er weinig tijd tot bespiegeling. Toch sluipen stilaan momenten van afstand mijn gedachten in. Voorlopig blijft de bespiegeling nog letterlijk. Ik vang een glimp van mezelf op, verbaas me, neem de veranderingen op. Het is niet al Supermama wat de spiegel toont.

Vorige week bleek ik plots een uitgroei van vier centimeter te hebben. Slons, denk ik, maar grijns omdat er geen spoortje grijs te zien is. Onder het vossenrood schuilt nog steeds mijn saai donkerblond. Het blijkt de kleur van mijn dochters haar, die best leuk pluis op haar kop heeft. Ik blijf gemakshalve uitgroeien.

Mijn garderobe verandert bewuster. Decolletés staan me nu, microjurkjes niet meer. Stoffen moeten zacht en knuffelig zijn, mijn vroegere zwart laat ik hangen. Misschien beïnvloeden Pups kleren me. In babywinkels ontbreekt zwart immers prominent. Fleurig of pastel ben ik nog niet te noemen, maar ik ga verrassend kleurrijk door het leven. Ik heb één maatje gewonnen, dat voordien eerder ontbrak dan nu te veel is. Traditioneel klagen vrouwen over hun verloren lijn. Ook ik vreesde de vormeloosheid. En ben dus verrast over hoe elastisch zo'n negenmaandenbuik terug in vorm kan schieten.

De kleine verschillen staan me aan; iets rondere vormen, de welving die een pediater twijfelachtig prijst als adequate voedingsbron voor Pup. Ik eet onbezorgd, al stond ik vroeger heel scherp. Maar waarom zou je? Een fitnesser koestert zijn bulkige spieren. Een ontdekkingsreiziger zijn littekens. Waarom zou een vrouw niet trots zijn op haar veel eleganter bewijs van topprestaties?

Mijn lichaam mocht zelfs minder hetzelfde zijn. De zwangere omvang voelde comfortabel en echter, het borstvoedend weer slinkend lichaam juist raar. Ik ben immers niet dezelfde, word vijf keer wakker per nacht, sta op constante waakvlam, er roert een hormonale molotovcocktail in mijn binnenste. Als Pup mid-voeding loslaat spuit een borstfonteintje vijf richtingen uit, het zou niet misstaan op een Romeins pleintje. Mijn voeten doen pijn van het nachtelijk in slaap wandelen, mijn vingers liggen in rust niet meer vlak, maar in lichte kromming door het heffen en dragen van mijn cherubijnbaby. Dit is mijn lichaam helemaal niet meer. Dat het op mijn vroegere lijf lijkt, bedriegt alleen de boel.

Vrienden noemen me verbaasd een echte mama. Blijkbaar verwachtten ze dat ik het kind zou meeslepen aan één pootje, halfgekleed in onweersbuien laten zitten, kattenbrokken zou geven als middageten of in winkels achterlaten tussen paprika en snijbiet. 'Moederschap staat je best natuurlijk,' zegt er eentje, alsof ze het over een goed passend truitje heeft.

Dat baby's uit vrouwenlichamen komen, leek me voordien, ondanks alle realityshows vol geboortes als bloederige slagerijspecials, een abstract-mythologisch fenomeen zo tussen de G-spot en Sinterklaas in. Nu voelt de theorie ook lijfelijk nog erg concreet. Stel je voor zeg, straks is het ook nog waar dat we allemaal doodgaan.

***

Een supermama zou ik vroeger hebben omschreven als een vrouw die snel haar lijn terug vindt. Die werk, baby en relatie naadloos regelt en jongleert. Die nog graag en vaak uitgaat en haar publiek leven niet verwaarloost. Die haar uiterlijk goed verzorgt, en het slaapgebrek niet aan haar lijf, humeur of geest laat vreten.

Nu lijkt zo'n vrouw me afstevenen op een burn-out, een scheiding of een lobotomie. Als mama zijn me iets heeft geleerd, is het relativeren en afstand nemen van de dertig jaar perfectionisme waarin ik, zoals onze hele generatie, ben opgevoed. Ik waardeer echtheid veel meer dan krachttoeren, en sta dus stomverbaasd dat onze maatschappij een mamalichaam minder waardeert dan een strak, onwezenlijk Barbieharnas.

Komt het ons wel ten goede? We moffelen ouderdom (en oudjes) weg, proberen eeuwige jeugd en een perfect leven te faken. Echt slagen doen we er niet in. De weggespoten rimpels tussen je ogen zetten zich elders dubbel. De operaties die vet wegzuigen, belasten zoals elke ingreep je gezondheid. Zo oog je achteraf mogelijk slanker en jonger, maar in werkelijkheid ben je ongezonder en waarschijnlijk net iets vroeger dood door de stress die je lijf doormaakte.

Geslaagd mama zijn zie ik heel anders. Mama zijn is voor

mij een passage, een rite zoals die in vroegere maatschappijen gangbaar waren. Een echte supermama durft voor mij haar leeftijd aan met trots, is openlijk mama zijn met volte en bewustzijn. Elke leeftijd en maatschappelijke positie verdient standing. Als iedereen zijn rol kan kiezen en erin gewaardeerd wordt, hoeft niemand dat idiote ideaal meer na te streven.

Natuurlijk heb ik nu wel even mooi praten. De druk van de maatschappij, zoals ik die eerder heb gevoeld, kan ik momenteel met dovemansoren en een geuzenglimlach weerstaan. Het is moeilijker glimlachen als je merkt dat je omgeving je minder gaat achten door dat negeren. En intussen, gaandeweg, is mijn rug minder pijn gaan doen en liggen mijn vingers weer plat in rust. Meestal.

Ik probeer, misschien al te voortvarend, de druk voor te zijn. Me te omringen met mensen die het appreciëren als je voor jezelf zorgt, maar je niet opoffert aan de wedloop om bij te blijven. Ik probeer gezond te blijven maar me niet te hard uit te sloven. Mijn leven stabiel te houden, maar niet die vreemde perfectie achterna te lopen. Ik hoop dat het een voorbeeld is voor mijn kind. En dat ook zij in een omgeving kan opgroeien waarin ze niet op haar zevende besluit dat ze te dun is, op haar zeventiende dat ze een nieuwe neus nodig heeft, en op haar zevenentwintigste zich het pleuris werkt.

Het lijkt misschien tegenstrijdig, maar voor mij is een supermama iemand die rust en tevredenheid heeft gevonden. Dat durven uitstralen en voluit leven zoals het je zint, beminnend en graag gezien door je naasten. Een vrouw die besluit dat goed genoeg prima voldoet: dat is Supermama.

De Olympische Babyspelen

Biologisch gezien is het waarschijnlijk dat als iets je bijt, het vrouwelijk is.

Desmond Morris

In onze vriendenkring heerst een babyboom. Mijn onwillige geest bleef Oost-Indisch doof voor het babygekoer en -getater, maar na de zoveelste geboortekaart is ook mijn lijf onverwacht naar het moederschap gedeserteerd. Niets nieuws onder de zon voor de vrienden, ware het niet dat ik het eerste babymeisje van de troep kreeg. Oh roze ballonnen en schmockjurkjes! De vriendinnen waren in extase. Mocht ons nageslacht op een onbewoond eiland terechtkomen, dan zou Ledoux junior op haar uppie de gezamenlijke bloedlijnen bestendigen. Er werd na de eerste ploetermaanden een lunch geregeld, die – mijn vriendinnen zijn drukbezet volk – een paar maand later eindelijk doorging.

Zes *ladies who luncheon*, zes scharrelende baby's; ontspannen boeltje hier. Bevalling (*ah* en *oh*), oppas (ik was écht toe aan wat *socialisen*), borstvoeding (afwisselend te veel werk geacht of sterk goedgekeurd) passeren de revue. De scherpe discussie over babycursussen en educatieve speeltjes mondt uit in de zindelijkheidsrace. Ik leun achterover in de late herfstzon en zie mijn lieve vriendinnen zich tot bakkeleiende alfa-

... slaapt jouw baby al door?
Ach ja, al vanaf 2 maanden.
O, dat doet de mijne ook al hoor...
Ja tuurlijk! En de jouwe?
De mijne kruipt al zo goed...

wijfjes ontpoppen. Ik beleef, heerlijk passief, de Olympische Babyspelen.

Dan echter switcht het brandpunt en duwen ze mij en mijn jonkie de competitie in. Pups kilootjes, aantal tanden, vinger-, kruip- en draaivaardigheid zijn moeiteloze drempels; ze overtreft de eenjarigen met haar sumoplooitjes, krioelt vingervlug en bijt gaten in appels. Maar een zwakke plek kan niet uitblijven.

'Slaapt ze wel door?' 'Nee, nog niet natuurlijk.' 'Oh écht? Goh, F. wel hoor!' 'Nee, Pup niet. Geen probleem, dat komt vanzelf.' 'Hoezo *vanzelf*?' De vriendinnen bekijken me bezorgd. Kijk ik wel naar *Supernanny*? Wat met de crèche later? Wil ik hun Babyfluisteraarboek lenen? Besef ik dat ik een monster creëer? Ik moet ingrijpen!

Welja zeg. Ik kijk *Mad Men*, geen *Supernanny*. In de crèche kunnen ze best een draagdoek aan. De babyfluisteraar is een gortige nazi. Pup mag gewoon haar ritme volgen en monsters kweek je alleen door al dat hyper vergelijken en getrain. Sodeju zeg!

Een doodse stilte valt, vijf paar ogen bekijken me gechoqueerd. Ik heb een ongeschreven regel van de Babyspelen overtreden. Hier is winnen goud, meelopen zilver, en niet-competitiviteit een regelrechte schande.

'Hoe snoezig,' zegt de kordaatste van de bende met opgetrokken wenkbrauwen en alle gevoel weggetrokken uit haar stem. 'Ledoux wil de baby haar eigen ritme laten. Leuk toch. Kan ze binnen drie jaar een eerste inhaalklasje boeken.' We schateren. De druk is van de ketel. Hun onuitgesproken beslissing blijft echter unaniem: mijn onderpresteerder zal niet hun volgzaam nageslacht baren. We praten heel beschaafd verder over het laatste seizoen van *Mad Men*, onze eigen mannen, de business en de kinders.

Mijn vriendinnen zijn succesvolle zakenvrouwen omdat ze no-nonsense en naarstig werken, diplomatisch en zonder enige egodrang. Pas op het traditioneel vrouwelijk babyterrein komt de competitiviteit bovendrijven en gaan de handschoenen af. In zaken zijn mannen de egotrippers; vrouwen vinden hun innerlijk haantje pas wanneer ze moederkloek zijn geworden. En blijkbaar ben ik als mama een schandalig lakse *garçon manqué*.

'Allemaal prima,' zegt the Man die avond. 'Hun gestresste jonkies moeten later toch in sekstherapie uit faalangst. Laat Pup maar een ontspannen knul trouwen.' We lachen, spelen met ons kleine slapeloze mormeltje, en ik schep lekker op over Pups alles overtreffende kilo's, plooitjes, lachjes en krioelvaardigheid. Want in de beslotenheid van mijn eigen huis krijgt ook mijn innerlijke ultracompetitieve mama wel eens de vrije loop.

Op scherp

Neurologisch gezien komt het krijgen van een kind voor de hersenen neer op een revolutie. Het is een periode van door de hersenen teweeggebrachte verandering en van leren, omdat alles zo belangrijk is.

Michael Merzenich, pionier in hersenonderzoek

Sinds mijn Puppy er is, sta ik op scherp. Niet zozeer omdat ik me Supermama de Grote voel – al helpt dat – ik weet gewoon meer. Maakte mijn geurapparaat me de zwangerschap zuur, nu staan alle zintuigen op scherp. Uit tientallen gradaties zacht kies ik het teerste voor Pups vel. Mijn primaire reflexen en jachtinstinct spotten en doden een mug nog voor ze zelf mijn baby ruikt. Mijn smaak is zo spits dat alleen het meest verse spul binnenkomt, met de vreemdste voorkeuren.

De geurzin echter klopt alles: mijn neus is nu haast even pathologisch als die van mijn grootmoeder. Na acht bevallingen detecteerde zij overal rare geurtjes, wat haar gigantische bende nazaten hilarisch vond. Nu weet ik dat ze écht onraad rook.

Al dreig ik mijn eigenwijze kartuizer kat met asiel wegens offensieve kattenbak en doet de chemie van schoonmaakproducten me overwegen modder en stof te omarmen, pas buiten sla ik geuralarm. In parfumerieën sla ik kokhalzend het ongevraagd verstoven moeder-en-dochterparfum van me af. Restaurants ruiken naar vet en duizend ingrediënten. Tussen Montgomery en de beide Ringen loop ik met Pup verloren in de stadsjungle. Onze lucht is verzadigd met uitlaatgassen, te vuil voor haar jonge longetjes. Een bezoekende vriendin meldt vrolijk dat de Brusselse smog je begroet vanuit de trein. Ze heeft gelijk. Zelfs het park ruikt half naar gras, half naar benzine. Het bos dat mijn honkvaste man als kind kende, is voor driekwart verkaveld tot buitenwijkflats.

De grootstad zag ik vroeger als vanzelfsprekende habitat, maar vanuit ouderperspectief ziet Brussel er gevaarlijk, vuil, besloten, onleefbaar uit. De stad is één grote asbak. Metropolen zoals Londen en Berlijn waren vroeger tweede thuishavens, nu vind ik ze zo aantrekkelijk als een gigantische neonreclame of dampige kolenkit.

Op een mooie zondag zakken the Man, ik en mijn ministadsmusje af naar een verre uithoek vergeten platteland: het stukje Ernest-Claeslandschap van mijn prilste jaren. Al honderd jaar lang staan er vier huisjes op goed tien vierkante kilometer, waarvan er gaandeweg drie door verwanten zijn ingepalmd: grootouders, moeder, oom. Verveelde ik me hier vroeger stierlijk, nu ontwikkelt mijn neus een plotse, passionele verliefdheid op de eerste snuif. In één ademteug ruik ik verschillende grassen, bomen en zelfs soorten grond. Hier golft een ononderbroken groen, vol planten die grootvader me lang geleden aanwees. Ik ruik zelfs een paar paddenstoelen, en hos nog net niet met Pup op zwammenjacht.

Die namiddag laten we wandelend het kloek Brabants voer zakken. Het ene huis dat niet door bloedverwanten geannexeerd is, lijkt vervallen. 'Ja, zonde hé? De buurman vindt geen koper,' laat mijn moeder tussen neus en lippen vallen.

Plots begrijp ik waarom de wandeling hierlangs moest. Achter haar quasinonchalante blik schuilt hoop op grootmoederlijke clanvorming. Gelukkig is ook mijn geheugen aangescherpt en herinner ik me de dorpsroddelaarsters, het keurslijf van de plattelandsgemeenschap. Nog één keer adem ik rust en frisheid in. Bij de terugtocht zie ik het landschap van groene eenzame schoonheid in grijs monotoon beton verglijden. Ik pieker, knies en voel hoe mijn ecologisch bewustzijn nabijer vormen aanneemt. Zal ons kwartje bos decimeren, of ruimen de flats baan? Wil ik mijn kind de natuur leren kennen als iets voor op vakantie of uit een gemillimeterd park? En bestaat dat: gasmaskers in maatje ieniemienie?

Over lieve meisjes en knappe jongens

Je hoeft als driejarige geen genie te zijn om te snappen dat je, als je een meisje bent, beter kunt doen wat de volwassenen als meisjesachtig bestempelen.

Naomi Wolf

Ik was in de buurt van mijn vroegere schrijfcafé. En is ongestoord schrijven met Pup onmogelijk, binnenwaaien kon best wel. Meteen had mijn dochter de handen vol, sjansend met de bewonderend koerende cirkel bediening en gasten. En wat kwam tussen alle oh's en ah's als eerste vraag? Inderdaad: 'En, wat *is* het?'

Wat is het. De vraag bedoelt niet 'heb-je-daar-een-zoogdier-of-een-vis?', vraagt niet naar ras, gezondheid, ingesteldheid of leeftijd. Nochtans gaat het om een even willekeurig criterium: geslacht.

Onze maatschappij vindt geslacht van kapitaal belang. Het bepaalt hoe we een kind behandelen en bekijken. Huilt een babydochter: ze zeurt. Huilt een babyzoon? Hij is boos. Een wankelende dreumes is sociaal (meisje) of avontuurlijk (jongen). Pups eerste mutsje was een snoezig blauw vliegeniersmodel. En dus werd die platte baby op elke wandeling talloze keren een 'knappe jongen' gevonden. Dat ik naar 'haar' refereerde, filterden mijn gesprekspartners uit. Pup kon niets dan een jongen zijn. Anders had ik dat minilijfje toch wel in roze strikjesfrullen gepropt?

We hebben zo'n waaier aan mogelijkheden als het op model en opvoeding voor kinderen aankomt. We zouden een kind volgens temperament, interesses, aanleg kunnen behandelen. Maar nee: wij kiezen binair geslachtelijk. Meisje of jongen: parcours A of B.

In Zweden zaten twee ouders met een gelijkaardige geslachtsknoop in de maag. Hun oplossing is simpel: zij doopten hun kind 'Pop', en laten in het midden 'wat' het is. Pop doet wat elk kind doet, maar mag meer. Pop mag bomen klimmen en theekransjes hebben, krijgt jurken of broeken naar smaak, mag haarstijl en speelgoed kiezen. Pop leeft een geslachtsongedwongen bestaan.

Critici verklaren Pops ouders gek. Het kind wordt verward of gestoord, want Pop mist een cruciale ontwikkelingsfactor. Hoe zal Pop weten wie of wat aantrekkelijk vinden? Onzin, natuurlijk. Seksualiteit en aantrekking gaan automatisch en biologisch in hun werk. Wat Pop wel zal missen is gender: de onuitgesproken, zeer brede wolk van maatschappelijke (voor-) oordelen en verwachtingen rond sekserollen. Ideeën die je hersenspoelen tot een knappe jongen of een lief meisje. Pop zal het wellicht missen als kiespijn.

Het is bekend: behandel een meisjesrat als jongen, en ze gedraagt zich later als rattenvent. Betuttel een vrouw dat ze 'het vast even goed als de mannen doet' bij een wiskundetest, en ze faalt. Roep hard genoeg dat grote jongens niet huilen, en je kleine slaat later de emotie eruit in plaats van te huilen. Maar we houden vol: geslacht is kapitaal.

Ik vind dat Pop-idee zo gek niet. Spijtig genoeg raakte Pups geslacht al mondeling, via geboortekaarten en godbetert zelfs de krant bekend, dus hier blijft het bij knarsetanden. Is het zo belangrijk wat baby's tussen de benen hebben? Verdienen ze niet minstens egalitaire of zelfs gelijke behandeling zolang ze een luier dragen? Doet *la différence* ertoe – zeker zolang een kind niet beseft of kan schelen wat hij 'is'? Zijn we zelf zulke kleine kinderen dat we ons zonder geslachtelijk houvast verloren voelen?

De grootogige kring Pupbewonderaars bekijkt me afwachtend. Dan schiet het enige redelijke antwoord me te binnen, en ik lach. 'Wat het is? Een baby natuurlijk!' En meer hoeft ze niet te zijn. Kleed uw babydochter vandaag eens in een stoer pak en laat haar met auto's pletsen in een modderpoel. Zet uw babyzoon een snoezig kantmutsje op de knikker, stop hem een pop toe en knuffel hem zachtjes te pletter. Ze verdienen het allebei evenveel.

Baby in veertien bijvoeglijke naamwoorden

De beste manier om kinderen goed te maken is door ze gelukkig te maken.

Oscar Wilde

Klein: Ze blijft veel langer baby dan verwacht. Houdt vast aan pasgeboren gewoontes. Zucht nog net zo in haar slaap als de eerste nacht, heeft lekker zachte babypootjes en een wat donkere navel. Ze heeft me nodig bij vrijwel alles. Wil me dichtbij bij nog veel meer.

Groot: Vanaf het begin kijk je uit naar het eerste kruipen, zitten, lopen. Maar ik schrik me te pletter als ze het doet. Haar vroege tandjes, de paracommandorol, de grabbelvaardigheid zijn tekens aan de wand: op een dag verlies ik haar even uit het oog, en zal een peuter mijn baby opgegeten hebben. Die ik dan maar zal houden.

Nabij: Ik was gewaarschuwd. 'De navelstreng wordt pas na tijden doorgeknipt!' Hocus pocus, dacht ik. Toch voel ik, zoals zoveel mama's, nog steeds aan wanneer mijn Pup wakker wordt of me nodig heeft. Zelfs wanneer er een halve stad tussen zit.

Wakker: Slaapt ze al door? In zekere zin. Medisch doorslapen duurt een schamele vijf uur. Echt doorslapen doet een kind gemiddeld pas na jaren. Nu begrijp ik de lamme strandzetelliggers op vakantie, luiaards die urenlang niet één teen bewegen. Het zijn allemaal ouders die zeven jaar slaap inhalen. Als Pup eenmaal tiener is kan ik wraak nemen en haar 's ochtends uit bed jagen. Of me zelf nog eens omdraaien, als ik me herinner hoe dat moet.

Herkenbaar: Een moeder herken je niet aan slonzige kleren. Ons verval toont zich meer permanent. We hebben ongeknipt piekhaar, afbladderende teennagellak, onopgemaakte gezichten en een grijzige, schilferige teint met wallen. Hopelijk volgt straks de renovatie.

Oud: Mijn lijf kraakt. Ik eet slecht of niet. Ik mis slaap en heb plotse diepe denkrimpels. Je moeder had in haar boze bui gelijk: kinderen maken je oud. Instant oud.

Onvoorwaardelijk: Pup kijkt naar me om; ik begroet haar vrolijk: 'Hey!' Haar zes maanden oude kopje spiegelt mijn decennia oude uitdrukking woordeloos perfect. De wereld staat even stil. Ze zal nog jarenlang niet alleen uitdrukkingen, maar mijn hele persoon, aanpak, wereldvisie zonder vraag of twijfel van me overnemen. Ik voel plots hoe diep mijn verantwoordelijkheid gaat.

Onderscheid: Pup geeft de laatste tijd 'kusjes', maar kan kussen en bijten nog niet onderscheiden. Babytandjes zijn vlijmscherp. Stiekem laat ik me toch graag bijten.

Ziek: De baby is het vaak. Jou zal nu lang de luxe ontbreken om het voluit te zijn.

Puur: Een baby heeft nog geen masker. Misschien is daardoor elke lach zo verrukkend, elk huiltje zo ontstellend. Tijd of ruimte betekenen nog niets; elke emotie is alles en altijd. Elke blijk van liefde is ontroerend mooi.

Burgerlijk: Ik had een hekel aan de buitenwijk waar mijn man woonde. Stad noch land, vol onnodig bange mensen en voorzichtige normen. Mijn ruw-hippe Antwerpse wijk miste ik, tot Pup er was. Zij is dol op het park om de hoek, de kirrende oude dames en hun hondje, de speeltuinen vol kinderen. De kneuterige deelgemeente voelt steeds meer als thuis. Al vinden de buren ons nog steeds excentriek en 'euh… bijzonder'.

Heftig: Ik slaap, leef, werk, lees, *socialise*, kijk series net als vroeger. Alleen moet het sneller, korter, intensiever. Ik leef in hoge versnelling, terwijl mijn baby schijnbaar op haar dooie gemakje – maar wellicht even intensief – de wereld verkent.

Grappig: Haar giechel als wij de hik hebben. Haar babyschater als de kat capriolen maakt. Knalpoep tot achter haar oren. We lachen wat af samen. Ben ik flauw geworden door gebrek aan slaap en aan echte grappen? Of zijn baby's en hun ouders slapstickfans?

Adjectief: Als ik aan de toekomst denk, is dat die van mijn kind. Plots is zij de hoofdzaak in mijn leven. Ouderschap herleidt je tot bijvoeglijk naamwoord.

Mama's mama

Ik zei mijn schoonmoeder dat mijn huis haar thuis was, en ze zei: 'Pak je verdomme eens weg van mijn erf!'

Joan Rivers

Moederschap is een rol waarin je groeit, maar wel pijlsnel. Al gauw krijgt nauwelijks iemand je nog klein. Behalve zij dan. De vrouw die jij tot Oma hebt gemaakt.

Oma's vermogen veel. Soms is hun schaduw zo groot dat je schrijven over hen tijdenlang uitstelt. Ze zijn trouwens niet in één stuk te vatten: ze komen in alle vormen, overtuigingen en leeftijden. En met die van Pup vertoont dit stuk natuurlijk geen enkele werkelijke overeenkomst.

Oer-Oma

Of je moeder, kleinkind of een generatie verder bent, voor haar is het één pot nageslacht. Soms voelt dat warm; haar welkom is uitbundig, haar tafel rijkelijk gezellig. Maar hou het bij bezoeken: jouw meningen lacht ze immers weg zoals je moederschap. In haar huis is maar één mama.

Nog-geen-Oma

Een rebel vol eeuwige jeugd is ze, geschokt door haar oma-worden. Je vruchtbaarheid, die aanslag op haar kokette vrolijkheid, komt ze maar moeilijk te boven. Pas wanneer haar uiterlijk verzacht en rimpelt trekt ze bij, soms tot een peperkoeken oma. Maar waarschijnlijker betrap je nog-geen-Oma ooit, samen joints rokend met je tiener. Pardon, je *andere* tiener.

Kritische Oma

In haar tijd schrobden huisvrouwen voor eigen deur en waren rust, regelmaat en reinheid geboden. Slaap en drank krijgt haar kleinkind zoals een fabrieksarbeider: op de klok. Dat übernetheid allergieën uitlokt en op onze stoep het onkruid tiert? Het doet deze oma walgen, net zoals je huis en opvoedmethodes. Aan de andere kant word je door haar elke kerst bevoorraad met kruimeldieven en stofzuigers. Die met een baby plots bijzonder handig zijn.

Dames-Oma

Op het eerste gezicht lijkt ze afstandelijk. Ze draagt een pakje, glimlacht warm en minzaam en kust de kinderen op elke wang. Die verstijven of mompelen iets beleefds. Ze converseert en geeft geen commentaar. Jarenlang zal ze zondagsvulling lijken. Dan opeens gaat je dochter met haar uit winkelen, harkt je zoon haar tuin en hoort zij over hun miserabele liefdesleven. En irritant genoeg klapt hun discrete oma nooit tegen jou uit de biecht.

Omgekeerde Koekoeksoma

Is momenteel dik gezaaid: voor seventies- en eightiesvrouwen kwam carrière vaak voor kinderen, maar hun moedergevoel stoot een generatie later op *with a vengeance*. Omgekeerde Koekoeksoma is vast van plan jouw ei in te pikken. Cadeautjes, kussen, aandacht: je kind wordt eronder bedolven. Ze wil de hele week wel op de baby passen en het weekend erbij. Een vreemde stijlbreuk, want jij werd niet bemoederd. Redeneren noch regels werken hier. Neem resoluut je mamarol in, en zet oma op haar plaats in een warme achtergrond. Haar onbedwingbare nesteldrang mag ze op jou uitleven. Het kan een onbegrijpend hoofdschudden opleveren, maar ook een lading knuffels, doosjes chocolade of zelfgebreide mutsen. Die kan elke prille mama prima gebruiken. Houd je mamateugels in ieder geval in handen, of het koekoekssyndroom wordt erfelijk. Dan steel jij, bij gebrek aan eigen baby, straks het ei van jouw kind.

Oma worden: het transformeert evengoed als moederschap. Carrière-oma wil plots halftime werken. Je strenge ma ondermijnt gezinsregels met verboden snoep en plastic prulcadeaus. Een kille moeder wordt één en al warme affectie. De metamorfose strekt zich zelden uit tot jou. Jij blijft immers haar baby. Al wenste je vaak genoeg dat ze je oma was.

En dus dromen we. Van oma's die ondersteunen, luisteren en zich van kritiek onthouden. Die aanwezig zijn zonder overheersen, koesteren zonder versmachten. Die warme moeders zijn, en jouw moeder-zijn respecteren. We dromen. Van oma's die niet bestaan. Oma's: het zijn feilbare vrouwen. Net als wij.

Met feilloos instinct

Succesvol ouderschap is hard en veel werk. Voor een baby of peuter zorgen is rond de klok en zonder vakantie werken, vaak bezorgd zijn. De belasting wordt lichter naarmate kinderen ouder worden, maar ze blijven veel tijd en aandacht nodig hebben. Voor veel mensen vandaag zijn dit onprettige waarheden. Tijd en aandacht voor kinderen betekent andere interesses en activiteiten opgeven. Toch denk ik dat het bewijs overduidelijk is: studie na studie toont dat gezonde, gelukkige, zelfstandige pubers uit stabiele gezinnen komen waar beide ouders veel aandacht aan de kinderen geven.

John Bowlby,
psychiater en grondlegger van de hechtingstheorie

De arena van mama's is hard. Bepalen geslacht, beroep, bankrekeningstand veel in de gewone stervelingenwereld, als mama word je minstens even scherp beoordeeld op het soort ouder dat je bent en de keuzes rond je kinderen. Voor elke handeling staat een vooroordeeltje klaar. Is je kind thuis geboren? Dan draag je wellicht hennepsandalen en zelf gevlochten tampons uit zeegras. Heb je duizend apparaten en opwindbare babyspeeltjes in huis? Je speelt zeker zelf nooit met je baby. Met vlekkenkleren wordt je kind ocharme verwaarloosd; heb je hem prachtig uitgedost, dan mag hij nooit lekker ravotten.

Wij hebben als maatschappelijke grondregel om beleefd en verzoenend met elkaars klerenkeuzes, smaak, religie en gevoelens om te gaan. Maar ben je moeder, dan gaan de handschoenen af. Kinderinstanties schrijven duizend dingen voor, onder andere dat baby op de buik (seventies), de zij (eighties) of de rug (vanaf de nineties) moet slapen. Je moeder wil dat je flessen geeft en werkt, je oma wil je drie jaar aan de haard. Je schoonmoeder vindt standaard dat je het vreemd en bepaald slecht doet. Goede doktersraad krijg je altijd, en bij elke dokter andere.

The Man en ik zijn watjes en laten ons maandenlang het hoofd gek praten door ervaren moeders, vroedvrouwen en andere specialisten. Tot we op een dag met rochelende Pup in het ziekenhuis aankomen. Pup wordt opgenomen, en wij krijgen honderd onheilstijdingen en duizend toestemmingen tot onderzoek en opname voorgeschoteld. Inlichtingen krijgen we niet, wel gesus: 'Madammeke, geef het uit handen. De specialisten handelen voor uw en uw kinds bestwil.' We moeten praten als Brugman zodat één ouder bij ons prille kind kan blijven. Een etmaal bange slapeloosheid later liggen Pup en ik nog steeds werkeloos op een babyafdeling vol zwaar zieke, infectueuze kindertjes. Geen test toont enig resultaat, haar hart- en ademhalingsmonitor slaat alleen loos alarm. Na vijf minuten topoverleg met the Man en de huisdokter koppel ik mijn stilaan ongeduldige Pup los en kapen we onze eigen, nog amper hoestende baby als kwaaie ninja's. De volgende dag blijkt ze bij de huisarts domweg verkouden te zijn.

Dat weekend transformeert ons: nu zijn we betweters die

elke raad ironiseren, elke regel in twijfel trekken, onze specialisten naar eigen inzicht selecteren. The Man is eeuwig gelijkmoedig, ik eigengereid laconiek – tegen die combinatie kan geen dokter op. Als klein, tevreden zeeroversschip dobberen we Oost-Indisch doof tussen een armada van inbakerantroposofen en andere zelfverklaarde goeroes. We navigeren op gezondheid, noden en welbehagen van elk gezinslid. En op eigen trotse autoriteit.

Ik ben de oordelen zo beu, dat het me verbaast als ze ook mij meezuigen. Onbewust geef ook ik sommige moeders cijfers rond slapen, eten of pedagogie. Mijn zachtaardige vriendin vertelt hoe ze haar baby's liet uithuilen om hen doorslapen te leren; ik zwijg onthutst en bel haar wekenlang niet. Elk van die weken heb ik nodig om te beseffen dat als ik geen oordelen wil, ik ze zelf achterwege kan laten. Hoeveel moeite dat ook kost.

Verbazend is onze collectieve bemoeizucht niet. We bedoelen het zo goed. Een kind is immers de toekomst, en die wil iedereen beïnvloeden. Een baby is een onbeschreven blad, en iedereen weet wat erop moet staan. Het is een stemloos schepseltje, voor wie iedereen goed wil doen. En dat is volgens iedereen iets anders. Een baby is de droom van elke betweter. Want die wordt nooit tegengesproken.

Uiteindelijk ontwikkel ik toch een eigen advies voor nieuwe moeders. Ik neem ze even apart en zie ze verstijven van schrik – alweer een moeial! – tot ze het horen: 'Luister vooral naar je instinct en nooit naar kritiek of goede raad!' En dan grijnzen we elkaar ongehoord eigenwijs toe. Want wij weten het lekker beter.

Victoriaans babyadvies

Historisch is het babyboek gegroeid uit een genre dat in de Verlichting zijn oorsprong vond. Onder het motto 'vrouwen zijn niet te vertrouwen, emotionele wezens' legden wetenschappers de vreemdste, meeste exotische en compleet onbewezen theorieën en gewoonten op aan moeders. In de victoriaanse periode won het genre aan populariteit. Babyhandleidingen werden zoals huishoudhandleidingen en kookboeken bon ton onder vrouwen. De adviezen erin pasten in de geest van de tijd, eerder dan dat ze onpartijdig en liefdevol advies bevatten. Als moeder moest je vooral een werklustig, 'flink' individu kweken dat van regelmaat hield, niet te veel op had met emotionaliteit en vaderlandslievend zijn plicht vervulde. Dat gebeurde via duidelijke richtlijnen. Het kind hoorde emotioneel op een afstand gehouden. Het kreeg een schijnbare discipline geleerd door uithuilen en alleen slapen. Deze adviezen berustten grotendeels op mode. Voor het eerst in de geschiedenis had een groter deel van de bevolking plaats en geld voor aparte kinder- en babykamers, net zoals rijken. Maar de min of babyverzorgster die de rijkere klasse erbij huurde, in de babykamer sliep en het kind van nachtelijke zorg diende, kon de middenklasse niet betalen. Uithuilen was een logisch gevolg. Dat vroege stress mannelijke kinderen agressief maakt en vrouwelijke gedeprimeerd, was de victorianen niet bekend.

Hoewel onze manier van huishouden compleet is getransformeerd en koken een heleboel revoluties doormaakte, zijn babyboeken in de vreemde victoriaanse traditie voort blijven breien. De naoorlogse jaren hebben daar veel toe bijgedragen. Babyboeken werden gebruikt om de toenmalige behavioristische theorieën te propageren. Kort door de bocht genomen

...KOM KOM MEVROUWTJE, DAAR HOEFT U UW MOOIE HOOFDJE NIET OVER TE BREKEN...

geloofde het behaviorisme in het programmeren van wezens tot zij een 'gewenst' gedrag vertoonden. Met het wel- of slechtbevinden van die wezens (dieren, mensen, baby's) liet het behaviorisme zich niet in. Strategieën zoals uithuilen en 'temmen' van kinderen pasten in deze denklijn. En hoewel de gevolgen ervan decennia later in lengtestudies eerder negatief bleken, blijft het behaviorisme en zijn machinale kijk op baby's en kinderen populair. De 'gedrag in, gevolg uit'-manier van denken leeft vandaag voort in slaaptrainingen, commerciële triple-P-programma's en het complete Supernanny-circus.

Een tweede onprettige eigenschap van het babyhandleidingengenre is dat ze advies voor noodsituaties als normale oplossingen aanbieden. Onderzoek naar kind-oudersituaties vertrekt vaak vanuit een probleemsituatie. Goedlopende gezinnen worden minder vaak onderzocht, omdat als dringendste nood van probleemgezinnen een prettiger omgeving moet worden gemaakt. Een loffelijk streven. Methodes waarin ouders en begeleiders worden aangeleerd om vooral overdreven en machinaal te straffen en te prijzen, zijn wellicht handig als elke blijk van waardering voordien ontbrak en zware lijfstraffen gewoonte waren.

Het scheeflopen gebeurt als zo'n noodprogramma's 'wegens succes' algemeen worden toegepast. Daarbij vergeet men dat het succes en de verbetering gelieerd zijn aan de noodsituaties waarin ze worden toegepast. In gezinnen waar blijken van waardering heersen, een veel hoger goed dan prijzen, zorgt machinaal loven alleen voor achteruitgang. Een kind heeft meer aan vanzelfsprekende, ongedwongen warmte en de onuitgesproken permissie om zich uit te leven. Dat leert hem zijn interne motivatie en leergedrag aanscherpen.

Uitgebreid prijzen, beloningsborden en stickertoestanden zijn artificiële manieren om een kind via competitie tot positief gedrag te brengen. Is er een positieve atmosfeer, dan brengt een kunstmatige strebersfeer geen verbetering. Ook brengen zulke programma's het negatieve element straf binnen als zogezegd lovenswaardig instrument, in families die van nature beter en positiever zouden omgaan met ongewenst gedrag. Wat bijvoorbeeld efficiënter en aangenamer werkt dan voortdurend in de hoek zetten, negeren, of stickers en beloningen onthouden zijn technieken zoals afleiden van het kind, creatief met vragen omspringen, humor, overleg.

Hetzelfde geldt voor het introduceren van 'vier-minuten-huilen' of 'gecontroleerd huilen'. Een verbetering zijn huilschema's alleen in gezinnen die een kind zonder einde lieten uithuilen. In gezinnen die de slaaptijd zonder huilen of andere negatieve gevoelens weten te regelen, of die slechts af en toe slaapproblemen hebben met de kinderen, brengen huilprogramma's alleen meer verdriet en wederzijdse stress.

Maar tem-uw-baby-methodes willen geld opbrengen en doen dat meestal. Boeken, merchandising van bakerdoeken tot spenen, reality- en adviesprogramma's op tv: het legt babygoeroes geen windeieren. Aan elk advies of cursusje hangen belachelijke prijskaartjes, die door overheid of ouders moeten worden opgehoest. Welzijn is niet hun hoogste doel.

Ook wat hun resultaat betreft hebben deze methodes iets gemeen: ze brengen inderdaad wel iets teweeg. In de bekende en zogezegd babyvriendelijke methode van Ria Blom wordt het kind steeds erg kort getroost tussen periodes van huilen in. Het kind huilt eerst vijf minuten, dan tien; progressief laat men de baby tot een uur lang op zijn eentje huilen. Een variant op deze methode stelt dat het kind steeds weer na vier minuten heel even wordt getroost. Opgepakt wordt het kind niet;

het mag alleen even je stem horen. Dit soort methodes worden verkocht als 'je kind maar vier of vijf minuten laten huilen'. Maar in totaal huilt het kind natuurlijk veel langer: een kwartier, een uur, een paar uur per avond en dat met schamele troost tussenin. Wat wetenschappelijk aantoonbaar diepgaand schadelijk is.

Het innerlijke leven van een baby, net als zijn subtiele gevoelens, kan een babyhandleiding gestolen worden. Voor subtiliteit is in hun wereld geen plaats. Babyhandleidingen houden er een vreselijk simpele logica op na, die verleidelijk kan zijn in stresssituaties. Hun wereld houdt het midden tussen twee vreemde visies. Enerzijds een vijandig kind-ouderrollenspel: 'je baby manipuleert je', 'ze proberen over je grenzen heen te gaan' – die baby's hebben duidelijk snode plannen. Anderzijds een computerprogramma: 'Als A niet werkt, ga dan naar stap B; als B niet helpt, start dan procedure C.' Het is een universum vol strategieën, achterdocht en eenduidige handleidingen.

Natuurlijk raden al deze methodes consistentie aan om je kind 'de baas' te blijven. Met het minuscuul scala aan manieren dat zij in de omgang met een kind toelaten, is erg strikt en consequent blijven inderdaad onontbeerlijk. Maar is een kind echt het beste af met een geprogrammeerde ouder, die volgens een *one-size-has-to-fit-all*-methode als een robot simplistische programma's uitvoert?

Echt vriendelijk of vredig klinken babyhandleidingen niet, en dat komt door hun donkere vooronderstellingen. 'Je moet de baby de baas worden' zet je recht tegenover je baby als twee strijdende partijen. 'Je baby moet leren zichzelf te kalmeren' dicht het kind een hersencapaciteit toe die pas bij een tweejarige stilaan in ontwikkeling gaat – en noemt het daarmee impliciet lui of onwillig omdat het die capaciteit niet gebruikt. 'Geef je kind rust en regelmaat', gaat uit van kunstmatige regelmaat; de natuurlijke regelmaat van een kind is te negeren en zijn noden worden als nutteloos lastige nukken gezien. 'Je kan een kind wel niet verwennen maar wel gewennen', betekent simpelweg: behandel het kleine wurmpje even belachelijk streng en tem het even hard, maar gebruik er een ietwat ander voorwendsel bij.

Je kind en baby worden in deze logica de tegenpartij. Het volgen van het babyboekadvies brengt met die woordenschat en denkwijzen een sluipende vijandigheid binnen in de omgang tussen ouder en kind. Dat soort relatie vreet aan de liefde die ouders en hun baby's of kindjes automatisch voor elkaar voelen. Geen van beide 'partijen' verdient zo'n liefdeloosheid.

Een relatie als een ander

De enige 'methode' die ik aanhield en zowel kan als durf aanraden, was om mezelf eraan te herinneren dat een baby niet wil huilen. Hij huilt alleen uit noodzaak. Elke baby stopt ermee wanneer hij zich goed genoeg voelt. Door mijn denken op die waarheden af te stemmen, ging ik mezelf als mijn baby's grootste medestander zien. Dat maakte me los van de babyboeklogica. Mijn kind was gewoon een goedbedoelend mensje zoals elke baby, die alleen wilde groeien en gedijen.

Ik stuntelde vaak genoeg, maar het hielp om me eraan te herinneren dat ik me in haar wou inleven en achter haar behoeften komen. Gaandeweg lukte dat. Ik kreeg er een echt tevreden baby mee, ten koste van een stuk minder inspanning dan alle temmerij. Ik ging haar en haar communicatie anders zien, los van het babyjargon dat veel babyboeken gebruikten. Zij spraken over 'zeuren'; ik ging in een aanhoudend huiltje dingen als vermoeidheid, verveling, lichte wanhoop herkennen. Als ze huilde, troostte ik haar en vroeg me af wat haar zo onder de indruk bracht. Ik leerde haar gerichter troosten – of, toen ze iets groter was, met rust laten – zoals zij het nodig had. Zo raakten we veel sneller en makkelijker door moeilijke momenten. Die er natuurlijk nog waren. Zij bleef een baby, en ik ben een doodgewone beginnende moeder.

Uiteindelijk is het tussen baby en ouder zoals bij elke relatie; je bouwt een dialoog op van ontmoetingen, gebeurtenissen, signalen en gewoonte, waarbij je elkaar steeds beter leert kennen. Die weg ga je samen. Voorspellingen of vaste regels doen er geen goed aan, en tasten alleen de waarachtigheid en warmte van de relatie aan. Het volgen van een vast stramien kan soms helpen bij de eerste wankele stappen. Anderzijds kan het de subtiliteit van jullie contacten negeren en tekort doen. Wat je instinct je vertelt via je gevoelens (moeders van pasgeboren kinderen bezitten met reden een 'dit-voelt-niet-goed'-radar die op alarmsterkte staat) is wellicht betrouwbaarder dan welk advies ook. Wat voor jullie werkt, is uniek, simpelweg omdat zowel jij als je baby unieke personen zijn, en jullie samen je eigen geschiedenis zullen opbouwen. Daarmee heeft geen babyboek wat te maken. Ook dit babyboek niet.

Het oubollig advies dat babygoeroes voorschrijven voor gedisciplineerde baby's en flinke kinderen zorgt alleen voor onzekerder kinderen die hun echte noden leren onderdrukken, de wereld als onveilige plek zien, hun verzorgers wantrouwen of merken dat je er niet van op aan kan. Het enige wat de goeroeadviezen standaard teweegbrengen, is negativiteit en langetermijnproblemen. Daarentegen zorgde het bevredigen van noden bij testkinderen er niet voor dat het kind een tiran werd. Het enige risico dat het liep was simpelweg tevreden en blij worden.

Alle rigoureuze trainen is meestal een hoop inspanning en emotie voor niks. Op lange termijn blijft het koffiedik kijken hoe kinderen precies opgroeien. Het enige wat echt aantoonbaar belang heeft en hen doet gedijen is liefde, positieve aandacht, een prettige sfeer thuis en in hun omringende leefwereld.

Weet je daarmee altijd hoe het met je baby gaat? Voor geen meter. Soms kon ik wel een potje meehuilen met dat kleine wurm (wat haar vreemd genoeg vaak prompt deed inslapen). Een baby en kind leren je noodgedwongen creativiteit als je de prefabmethodes achterwege laat. Dat is niet altijd eenvoudiger. Maar het is wel bijzonder bevredigend.

Praatjes voor de vaak

Ik realiseerde me niet dat de ademhalingsoefeningen die moeders in zwangerschapscursussen leren pas hun nut tonen lang nadat het kind eruit is.

Alfie Kohn

Moe. Niet voor niets is het een synoniem voor 'mama'. We zijn het immers bijna allemaal. Natuurlijk, sommige mensen laten de baby nog twee weken op zolder huilen zodat hij daarna netjes afgericht doorslaapt. Iedereen kijkt wel eens humeurig naar de 'uit'-knop van de babyfoon. Sommigen vluchten als de lont kort wordt samen met hun medeverwekker, en stoppen oma de baby en een weekendvoorraad poeder of kolfmelk toe. Vrij recent ontdekte een arts dat babygehuil evolutionair ontworpen is zodat je op tilt slaat en meteen in actie schiet. Dubbelblinde tests, vergelijkend onderzoek. De aansteller. Hij had het aan eender welke moeder kunnen vragen.

De overgrote meerderheid mama's blijft redelijk toegewijd en min of meer geduldig ter plekke. Ze verbazen zichzelf door op zeldzame kindvrije rustmomenten de kleine herrieschoppers te missen. Ze beuren zichzelf op en bestempelen moeilijke episodes als 'fase'. Altijd hebben ze ergens spierpijn, meestal overal. Naar feestjes gaan ze verdeeld: een splinter sociaal leven is veel waard, maar verloren slaap wordt smartelijk gemist. Altijd lopen ze te geeuwen, maar blijven in de supersufte zo hyperalert dat vallende kinderen onderschept worden tussen trap en grond. Ze zijn altijd, altijd, ALTIJD moe.

Eeuwen geleden viel met de samengestelde stamfamilie ook de gedeelde babyzorg weg. Sindsdien is de babytijd een onnatuurlijke uitputtingsslag. Wij zijn naar nucleaire gezinnen geëvolueerd, maar baby's komen ter wereld met een constante zorgverwachting. Al eeuwen worden lapmiddelen bedacht. Doop de speen in whisky en suiker. Baker het kind in als een worstje. Probeer te tukken als baby slaapt.

Het klinkt prachtig, maar het zijn, letterlijk, praatjes voor de vaak. Je energieniveau met baby staat met of zonder trucs permanent in het rood. Moeiteloze moeders doen het niet beter, die hebben gewoon dat ene doorslapertje, veel hulp, een goede pokerface of stoppen keihard oordoppen in bij babyhuiltjes. Voor mij werkte maar één tip: 'voel je bodem, laat papa dan vaderen.' Maar wat als papa's lont even dubbel brandt als de jouwe?

Afgepeigerd slepen the Man en ik ons de dag door. Zelfs vrolijke Pup merkt de metaalmoeheid en gaat van slag mee hangen en piepen. We tellen af in dagen, maanden, jaren. Nog drie dagen ziek. Nog een jaar tot de tandjes door zijn. Nog een hele tijd tot er crècheplaats vrij is. Nog een goed half jaar tot ze wankelend de boel afbreekt, en wij ofwel helemaal gek worden óf uitpuffen terwijl zij de woonst sloopt en misschien wat lees- en vrij(e)tijd krijgen. Nog tweeënhalf jaar tot de kleuterklas en enig sociaal leven. Nog zeven maanden tot vier jaar eer ze doorslaapt. Het is een wonder dat 'beu' geen ander synoniem voor 'mama' is.

Zonder kinderen, zei een vriendin me ooit, heb je tijd voor

sociaal leven, werk en vrije tijd. Met kinderen moet er eentje sneuvelen; je blijft thuis, huurt fulltime zorg die in jouw plaats moedert, of hoopt dat de vrienden je drie jaar windstilte vergeven. Het blijkt te kloppen. The Man en ik dokteren worstelend regelingen uit. Ik vrees voor carrière, vriendschaps- en familiebanden.

Of ik niet van mijn kind houd dan? Zielsveel. Anders zou ik nooit kunnen doorbijten tot zij me tijd en energie geeft, maar er spoorslags vandoor gaan. Ik troost me dat ik de prille jaartjes niet zal missen; ik was er zelf bij. Terwijl zij haar wereld verkent, geeuw ik de mijne tegemoet. En ik hoop dat het met carrière, vriendschap en familie wel zal meevallen. De halve wereld geeuwt immers met een zeer herkenbare flauwe glimlach terug.

Beweeglijk gesternte

Het nekt je om ze te zien groot worden. Maar het zou je waarschijnlijk sneller nekken als ze niet groot werden.

Barbara Kingsolver

Het kind groeit. En net zoals je eigen kilo's emotie kunnen opwekken, laat haar groei me niet onberoerd. Het verbaast me, maakt me irrationeel trots, en doet me de tijd af en toe willen stoppen. Elke dag verdubbelt Pup in omvang en kan ze iets nieuws. Het gaat zo hard dat opschietend onkruid er lui bij lijkt, en dat ambitieuze ding weet van geen ophouden. Ooit lag ze als dagen oud mensje mijn borsten urenlang te bewijzen: kijk mij iets kunnen! Elke nieuwe ervaring verrukte haar. Op de koude doktersweegschaal spartelde ze hijgend met grote ogen tot de pediater me aanfronste: 'Vindt ze het nu leuk?' 'Ze houdt wel van afwisseling, ja', understate ik vermoeid. 'Die spiertonus! Die curiositeit!' roept de man lyrisch. 'Ze wil nu al alles kunnen!'

Tell me something new, doc. Al voor haar geboorte draaide Foetus-Bebe etmalen lang salto's en pirouettes. Op de vraag 'wat wordt het?' zei ik met brakke slaapogen 'een breakdancer'. Vlak voor de geboorte kalmeren de meeste baby's en kan je uitrusten. Ledoux Junior ging toen pas echt *los*. Wellicht vond ze de baarmoeder saai geworden en wou ze herdecoreren. Ik surfte – te moe voor werk, te wakker door het gespartel – halve nachten weg en las Bebe's mogelijke horoscoop. 'Boogschutter: avontuurlijk en easy going.' 'Dat is mooi!' zegt the Man, 'maar als ze later komt wordt het iets anders, hé?' Ik speur verder: 'Steenbok: ambitieus, koppig en familiegericht.' Vreemde combinatie. Nou ja, maakt niet uit,' zeg ik beslist. 'Dat kind schopt zó hard, die is er klaar voor. We krijgen een easy going Boogschuttertje, schat!'

Het sterrenbeeld Steenbok was één dag ingezet toen mijn dochter eruit wou en ik leerde wat 'ambitieus en koppig' betekent. Na twee maanden trekt ze zich steunend recht, rood aangelopen wiebelhoofd tien centimeter achter haar nek. Na vier maanden wil ze rechtop staan en piept gefrustreerd, want die vetbeentjes willen natuurlijk niet. In maand vijf, één maand te vroeg voor vast voedsel, kijkt ze ademloos als ik eet, grijpt mijn mok, doet kauwoefeningen op haar arme speelkip. Diens gerafelde poten zijn het eerste offer aan Pups dadendrang.

Stappen kan ik voor haar, ontdekt ze. Familiegericht, juist ja. In mijn nek zittend trekt Bebe een minzame Katharina-de-Kleine-blik en leidt me op strooptocht de wereld in, enthousiast wuivend naar elke passerende onderdaan. De supermarkt raakt veroverd in geen tijd, Brussel wordt in één dag onder de voet gelopen. Binnenkort zal ze met een overmoedige borrel melk te veel op besluiten dat het Zoniënwoud aan de beurt is. En vermoeid of niet, na vijf minuten vervelingshuiltjes trek je toch de loopschoenen aan.

'Druk?' zegt een parkwandelmoeder me op een zonnige voorjaarsdag. 'Jonkie! Jij weet niet wat drukte is. Straks kruipt ze en vernielt in één beweging je bloemen, probeert afwasmiddel te drinken en sukkelt de trap af. Dát is jachtig. Dan krijg je een tweede, worden de nachten weer gehalveerd, en vond je één kind een luxetijd.' Misschien wel, Ervaren Moeder. Maar straks kan ik tussen het kapotte knieën troosten door misschien schrijven, lezen of, wie weet, niksen! Pup mag gerust een tafelpoot opeten of kasten uitladen. Ik zal haar de nog nette boekenplanken aanwijzen: 'Stukje overgeslagen, liefje. Spit daarna mama's bloemenperk eens om. Nee hoor, doe maar lekker alleen. Mama is vreselijk druk bezig met stationair zijn.' En mama krijgt nog even een decennium geen tweede. Of het moest onder een bijzonder mak gesternte zijn.

Babyzacht

Het opvoeden van kinderen is een beroep waarin we moeten leren hoe we tijd moeten verkwisten teneinde tijd te sparen.

Jean-Jacques Rousseau

Ik weet niet hoe het met uw baby's zit, maar de onze wil entertainment. Op het laatst van de zwangerschap heb ik de tv eruit gegooid omdat ik de hele dag gestrande walvis lag te spelen voor de buis, rond de klok schransend en studies lezend over de invloed van tv op baby's. Dat leest als horrorverhalen rond karakter-, intelligentie- en geestelijk-sociale vorming, en dus zegden the Man en ik, kijkbuisverslaafde weekdieren, onze realityrommel op.

Zonder kijkkast hangt Pup voor haar portie fun af van een onwillige kat, wat meer of minder educatief verantwoord speelgoed, en vooral van ons twee. Dat schijnt een gezonde situatie te zijn: babyboeken citeren responsiviteit en socialisering. En we hebben het tenslotte onszelf aangedaan.

Ik haal haar vermaak uit het verleden. Zoals elk jonkie dezer dagen vindt ze eightiespulp als Boy George, Blondie en Depeche Mode te gek. Ook mijn eigen kinderjaren dienen als inspiratie. In opvoeding is de mens een zoogdier als een ander: we imiteren wat we kennen. Het maakt het afgesloten nucleaire gezinnetje niet ideaal – daarin moet elke verse ouder steeds moeizaam het warm water uitvinden – en zorgt voor flinke herhaling qua kindervermaak. Mijn mond brabbelt vergeten melodietjes met nauwelijks een herinnerd woord. Ik hups Pup op mijn knie zoals mijn grootvader deed, gooi haar schaterhikkende lijfje omhoog zoals mijn ooms, blaas luchtscheetjes op haar buik zoals mijn moeder.

Pas wanneer ik na maanden zingen de teksten weer aaneen kan breien, hoor ik wat uit mijn mond komt. De hupse liedjes gaan over schijtende afgejakkerde paarden, dooie papegaaien en vermoorde vrouwen. Hun gruwelijke tekst staat in schril contrast met de lachbuien waarin ze uitlopen.

Onze voorouders lijken ons nette puriteinen. Maar eigenlijk zijn wij de burgerij, en was het verleden permissief. De liedjes en gebaren maakten de dood echt gewoon, bliezen een complexe wereld luchtigheid in. Die dood komt me luguber en de gemeenheid scherp voor, al vind ik de scheldwoorden stiekem grappig. Maar deze liedjes zijn leuker dan nieuwere lichtingen vol moralistisch bloemenplukkende kleuters en kom-maar-in-de-kring-meligheid.

Biologen beweren dat lachen, dat wonderlijk uniekmenselijke verschijnsel, voortkomt uit het moment dat schrik en opluchting elkaar ontmoeten. Een kind lacht bij een 'piep'-spelletje omdat oma, papa of mama er tóch nog is. Omdat het gespeelde bijten in knuffels eindigt. Een warme ouder onderscheidt zich door afremmen waar het kind bang dreigt te worden. Hij houdt het zo scherp dat baby zich amuseert, zo zoet dat ie zich eeuwig dapper en het spel de baas voelt.

Het herhalen van de eeuwige handelingen toont me hun sterkte. Ik geef geen woorden aan mijn dochter door bij het zingen; het buikjeseten is geen puur technisch schrikspelletje.

Samen met de geur van mijn lichaam en ons huis, de smaak van melk en thuis gekookt eten, scheppen die klanken, bewegingen en gevoelens een wereldbeeld. Dit is intimiteit, zeggen ze. Dit is thuis: wat ik jou meegeef om de wereld te leren kennen en te genieten van overleven. Dit is hoe ik jou graag zie. Het is de woordeloze taal in mijn ruggengraat en hart.

De eeuwen aangescherpte canon doet zijn werk. Praten kan Pup nog niet, maar luchtscheetjes op mijn been laat ze al. Dan kijkt ze me verwachtingsvol aan. En als ik daarover, keer op keer, even hard moet lachen als zijzelf, giechelt ze een bijzonder voldane babygiechel. Ik hoop erin te horen: 'Kijk mij nu, zeg. Ik kan de hele wereld aan!'

Beeldbuiskind

Alle tv is opvoedkundig. De vraag is: wat leert hij je?

Nicholas Johnson

Schermen: onze gevirtualiseerde wereld loopt ervan over. Televisie, laptop, gsm. Bluetooth- en iPhonetoestanden weet ik nog net te weren. Ipads heb ik verbannen: voor je het weet kijk en luister je meer naar schermen dan naar je geliefden. Schermen zijn zegen en vloek. Als spijtoptant uit de reclamesector vind ik beelden gevaarlijk. Ook al ergert reclame je dood, ze doet je aantoonbaar conformeren, accepteren, kopen. Een steeds weergezien logo maakt je vertrouwd. Een merk wordt een familievriend: soms irritant, maar onwillekeurig bemind. Ons onderbewustzijn, ten gronde goed, doet ons het bekende verwelkomen. Heelder sectoren melken die goedheid dankbaar uit. Vrije keuze is een wassen neus als er met de psyche gerommeld wordt.

Bedrijven proberen elke consument binnen te halen, maar kinderen zien ze als ultieme makkelijke prooi. Hun brein is flexibel en absorbeert wat ze aangeboden krijgen als ongecensureerde waarheid. De mens imiteert als sociaal dier wat hij ziet, en dat geldt dubbel voor een kind.

Baby en kind kennen nog geen fictie. Het scherm zuigt hen hypnotiserend op, ze gapen opgeslorpt en starend. De achtergrond waarin volwassenen reclameboodschappen plaatsen ontbreekt hen volkomen. Reclame lijkt werkelijk en zijn boodschap – 'Koop mij! Je hebt me nodig!' – accepteren ze als dringende, levensnoodzakelijke nood. Heb je het kind eenmaal aan het kopen, dan tonen lengtestudies dat hij levenslang je klant blijft.

Voor elke psycholoog die speelgoed educatiever maakt, scherpt een andere marketingboodschappen op de kindergeest af. Een grootscheepse Amerikaanse reclamestudie bewees dat veertig procent van alle gezinsaankopen gestuurd zijn door reclame via kinderen. Hun conclusie: *nagging works*. Als uw kind weer zeurt in de supermarkt, bedank dan de dansende clowns en zingende superhelden.

Reclame en pr: ik zapte er vroeger van weg, maar weet dat nu beeldfictie er ook van is doordrongen. Sommige boodschappen bespeur ik als ex-professioneel, maar een veelvoud ontsnapt me. Ik kijk knarsetandend; het beeld programmeert Pup met mij. Ik filter mijn beeldschermen en bekijk dvd's scheef. Straks hoor ik nog aliens in radioruis.

Ik ken het genot dat de heroïne van het beeld schenkt. Ze is tijdelijk en doet naar meer verlangen. Onze dealers gaven vroeger van zes tot twaalf 's avonds voer, nu programmeren ze het etmaal rond op een veelvoud aan schermen.

Mijn dochter misgun ik als schijnheilige beeldcalvinist dezelfde verslaving. In de eeuwige receptie van het leven probeer ik het als een alcoholist bij twee glaasjes beeldscherm per dag te houden. Maar hoe kan ik mijn dochter dan een pedagogisch sapje aanpraten?

Het enige wat de verslaving overtrof, was mijn aangeboren gemakzucht. Later gezeur wil ik minimaliseren. Met de tv weg hoef ik alleen nog winkels te selecteren op reclameoverdaad. Dat schermdieet brengt eindelijk de echte luiheid terug: 's zomers liggen we met vrienden in het park, 's winters delen we ouderwets chocomelk en komen aan kletsen toe, zelfs met baby. Ik ben een verslaafd sociaal beest, dat in rehab weer leert praten. En heel soms krijg ik zelfs het laptopscherm al gesloten.

Stabat mater

Als je honderd mensen niet kunt helpen, help er dan eentje.

Moeder Teresa

Het stalletje staat. Mijn grootmoeder verliet haar gebiedende wijs één moment om het me te geven. Ik was twaalf, en haar plotse gulle tederheid schokte me zo dat ik een plek uitruimde, zoals elk jaar sindsdien. Ondanks ingebakken nonchalance hield ik de beeldjes intact en huilde tuiten toen man en moeder een stukje afbraken. Jozef staat nu wat scheef en een herder mist een neus. Als rots in de branding staat naast hen een intacte Maria. Ik voel met haar enige verbinding. We zijn allebei in de winter en dokterloos bevallen (goedgoed, ik weliswaar met vroedhulp en comfortabel thuis).

Mijn moeders generatie werd doodgegooid met *Onslief-vrouwke*, vol schitterende eigenschappen die hen werden opgedrongen: dienstbaar, meegaand, tevreden, lijdzaam zelfs onder onredelijke macht of man. Kinderen, huis en stoep brandschoon houden: het deed onze moeders revolteren. Geen wonder.

Onze generatie kreeg Barbie, Candy, Jem als virtuele idolen. Ze hanteerden niet stok maar wortel. Hun gouden beloning van luxe, roem, en voorwaardelijke liefde werd ons van kinds af als ideaal voorgehouden als we maar slank, koopgraag, kneedbaar, perfectionistisch genoeg zijn. De aanpak blijkt opvallend meer succes te oogsten.

Zwanger- en moederschap zetten me buitenspel van dat ideaal. Ik voelde me bevrijd. De obsessie van jeugd en de cultus van schoonheid vielen van me af. In dit nieuwe land bestaan geen voorgeschreven waarden. Je vindt er alleen dat eeuwenoud, bestoft geloof terug: mama's horen goed te doen.

Ik weet geen weg met die wetenschap. Ethisch handelen is sinds mijn babyworp instinctief prioriteit geworden. Ik wil mijn gezin voeden met wat aarde en gezondheid spaart. Ik zoek 'schone' kleren – geen kinderarbeid, hard regime, vuile productie – een dermate heksentaak dat ik steeds vaker tweedehands koop. We boycotten met moeite, gezien hun enorme portefeuille, producten van bepaalde multinationals om een traditie van gezondheidsschadelijke toevoegingen, derdewereld- en boerenuitbuiting.

Ik stem dus met mijn geld. En voel me schuldig. Mijn idealisme is beperkt. Ik geef volgens de Bushstrategie: mijn mening spreekt, maar ik houd genoeg over uit vrees voor schaarste. Oude godsdiensten zeggen meer dan je overschot te schenken. Kamelen, rijken, het oog van een naald en de hemel, je weet wel. Moet je meer geven dan angst voor moeilijke tijden je inspreekt?

Met kerst, traditionele tijd van geven en delen, protesteert mijn geweten luidkeels. Als ik de wereld anders wil, dien ik omwegen te maken. Ik hoor op straat tijdens handelstops en G8-besprekingen, zodat de protestaantallen niet te negeren worden. Ik wil zonder beperking schenken, en op evenveel goedheid vertrouwen naar mezelf toe.

The Man en ik zijn geen grootverdieners. Schrijvers, cultureel werkers: dat leeft zijn hart uit. Toen ik mijn ziel nog verkocht, kreeg ik meer. Bloedgeld. Maar al zijn we in onze omgeving niet rijk, op wereldschaal zijn we koningen. We krijgen belachelijke behoeften aangepraat van botox tot iPod, maar hebben alles: warmte, eten, veiligheid, een erkende identiteit. Ons water is drinkbaar. Wij hebben het recht te zijn, te reizen, te werken, te geloven en beminnen hoe en wie we willen.

Ik kende het lang geleden anders. Ik deel niet uit schrik voor tekort. Maar is vrees om niet dezelfde goedheid terug te krijgen, reden om weinig te geven? Ik ben moeder. Eeuwenlang voorbeeld van gul- en goedheid. En ik zit in de rats. Want als ik niet durf te geven, wie dan wel?

Uit het leven van Pup

Vanwege hun grootte kan het moeilijk zijn om ouders discipline bij te brengen.

P.J. O'Rourke

Ze waren vanochtend weer niet uit bed te krijgen, dat luie stel ouderlijke nietsnutten. Zíj liggen ook niet in een natte luier. Ik heb wat getaterd, maar mijn moeder trok me half slapend naar haar borst DIE IK NIET WIL, wat ik dus even duidelijk maakte. Ze was meteen een stuk wakkerder, waarover ik een vrolijk kraaitje liet en heb geklapt. Toen moest ik alleen nog over haar hoofd kruipen, zodat ze het ophief en krakend zei: 'Ik denk dat ze wil opstaan, zoet.' Jeetje mens, zou je denken?

's Ochtends ziet mijn ma er niet uit. Ik laat haar de laatste tijd anders behoorlijk slapen, soms tot wel zeven uur. Tijdverspilling. Als het aan mij lag, stond ik om halfvijf op. Dat heb ik ook een tijd gedaan, maar toen werden mijn ouders steeds gammeler. Ik werd bang dat ze stuk zouden gaan, en blijf nu dus iets langer in bed liggen. Saaie boel, hoor.

Dat gevoel voor compromis missen mijn ouders deerlijk. Pas wakker willen ze me alweer een luier aantrekken. Niet te begrijpen, want die dingen worden altijd zomaar nat, en dat zit echt rot. Ik protesteer sinds een tijdje heftig, maar denk je dat dat helpt? Neuh! Ze gaan stug door.

Mijn ochtenden zijn druk. Er is meestal een hoop wanorde – zo is de hele woonkamer leeg en niet om aan te zien. Dat moet ik weer netjes krijgen. Na krap een uur ziet het er organisch uit en ligt overal wat spul, zodat mama een paar keer struikelt als ze de kamer doorloopt. Als ze vloekt, weet ik dat mijn werk geïnspireerd was die dag. Soms moet ik er echt even van tukken. Heb ik puf over, dan neem ik voorsprong in mijn namiddagwerk en begin na het woonkamerklassement aan de keuken. De deuren lijken sinds kort lager te zitten en gaan verrassend makkelijk open. Ik houd de kasten graag zen. Mijn moeder respecteert die visie voor geen meter, en gooit de prachtig lege laden zo weer vol troep. Overigens moet ik mijn vader 's ochtends ontzettend in de gaten houden. Hij probeert er steevast tussenuit te knijpen en slaagt daar meestal in. Mama spant met hem samen. Om dan, als hij buiten is en ik triest ben, te zeggen 'niet leuk als papa weg is, hé Pup?' Nee mens, en laat hem dan ook niet gaan. Gosh…

Zonder papa is het huis stiller. De kat is leuk; daar speel ik mee tot hij het niet meer doet. Vaak gaan mama en ik uit. Gelukkig maar: ik moet wel socialiseren, hoor. Praatjes met de buren slaan, vriendjes maken bij de middenstand, rondkruipend wuiven als mama ergens zwart spul uit kleine kopjes nipt en dingen neerkrabbelt: mijn moeder begrijpt niet hoe zo'n contacten kapitaal zijn voor mijn plannen rond wereldheerschappij.

Valt er nat uit de lucht, dan blijven we binnen. De kat en ik vervelen ons, al probeert mama mij te vermaken door uit 'Kiekeboe, Kleine Koe' voor te lezen. Ze houdt het niet erg lang vol. Nadat het varkentje amper voor de dertigste keer opspringt geeft ze het op en zet uit eigen beweging een keukenkast open. Zo is er natuurlijk geen ruk aan. Ik heb uitdaging nodig, en ga liever mijn toiletpapier-afrol-skills perfectioneren.

Voor je het weet is mijn vader er weer. Ik wil bij hem zitten! Of nee, bij mama. Of toch papa. Nee! BAH! Wat hebben mijn ouders toch? Ze doen opeens zo RAAR! Boehoehoe. De wereld is vol weltschmerz en donkerte. Ik kruip maar even voor wat drinken bij mijn moederzzzzzz...

Moeder van de wereld

Men bestudeert elkaar drie weken, men bemint elkaar drie maanden, men twist drie jaar, men duldt elkaar dertig jaar, en dan beginnen de kinderen van voren af aan.

Hippolyte Taine

Onlangs was ik eindelijk eens gewoon uit. Niet voor werk, geen podiumklus, puur als ontspanning. Keuze. En omdat het geen verplicht nummer was, bleef ik haast thuis. Mijn konijnenhol is bijzonder knus, mijn bed lokte en een nerveuze, ziekige Pup rook onraad.

Desondanks gooide ik die avond, toen koortsige Pup eindelijk sliep, in vijf haasten een jurkje aan dat – mirakel! – nog paste. Ik was aan de late kant, stapte haastig de deur uit en vergat dat iets te laat fashionable is, vooral omdat anders je fashion nergens op lijkt.

Onderweg bleek het jurkje vlekkerig met gescheurde naad en mijn haar zichtbaar drie dagen ongewassen. Maar hey, ik ben weg. Ik drink iets, praat, lach, en al zitten hoofd en hart bij ziek Pupje, ik geniet best. Er wordt veel gepraat over seks en mannen, van wie ik er een in huis heb en me het ander nog redelijk levendig herinner. De volgende ochtend is Pup wakker om kwart voor zes en barst mijn kop onevenredig met het halve glas alcohol in mijn kraag. Pups tomeloze energie kan ik nauwelijks volgen en ze piept misnoegd over dat halfslachtig ouderschap.

Wat me in semi-ernst doet afvragen: mama en mondain, gaat dat samen? Hoe houd je mama en vrouw in evenwicht? In het lichaam schijnen vaak vlak naast elkaar antagonismen aan het werk te zijn. Slaap-actie. Peristaltische spieren en kringspieren. Adrenaline-oxytocine.

Mama-flirt?

Ik, vroeger fuifnummer, ga nu haast nooit uit. De mensen die ik het vaakst ontmoet zijn medemama's. Er wordt nog wel geflirt, maar minder. Gelegenheid maakt de zonde. De mooie buurman gaat bij de bakker tussen pistolets en kinderaanhang in onverwachte sjansmodus. Een knappe vreemdeling werpt scheve blikken tijdens mijn vijf-minuten-koffies met rondkruipende Pup.

En ik weet maar half waarheen kijken. Niet om the Man, die kan daar wel tegen, wel vanwege de aanwezige dochter. Vaker nog flirt ik niet terug of merk pas later: Hey, die wou wat. Ik ben aardig, kordaat, en veel te bezig voor dromen, lanterfanten en innuendo's. Mijn dag zit vol aanpoten, moederen, aan de weg timmeren, een beetje sociaal zijn en denken. Me mooier maken is middel tot een doel: presentabel zijn, er leuk genoeg uitzien voor mijn man of mezelf wijsmaken dat ik níet verslons. Voor liaisons dangereuses is simpelweg geen tijd, zelfs niet in lightversie.

Ik test en bel 'the one that got away'. Geen flirtdrang te bespeuren. Onder lichte melancholie herinner ik me broodnuchter dat die passionele chaos in drama eindigt. Meer dan man, kind en pen hoef ik even niet.

Een mens gaat zich ervan afvragen of dat contente blaken gezond is, en het leven niet te welgevallen. Zelfs mijn spiegel keurt me goed. Wat krijgen we nu? Heeft mijn innerlijke werkbij alle zin voor nuance en esthetiek opgevreten? Kan iemand het anderzijds een overbezette mama kwalijk nemen dat ze er niet opgeprikt bijloopt? Is die *iemand* haar rancuneuze vent?

Is deze blije knusheid nu de bron voor relatieverzanding? Misschien word ik als late veertiger wakker en ontdek dat the Man en ik seksloze maatjes zijn, die geitenwollen wandeltochten delen, maar clandestiene opwinding elders halen.

Waar ligt het evenwicht tussen perfectionisme en verval? Balanceert de glijdende schaal frivool-mondain-grijs-slons uit in 'normaal'? Ik vraag me af of ik straks weer voor drie kleuren zorgvuldig geblende oogschaduw ga en onpraktische kleren draag voor de lol. Tot dan toe geniet ik van een occasioneel flirtje hier en daar. Ben ik toch nog geen *mevrouw*. Goddank, zucht ik, en zet mijn zeer onvrouwelijke, aanpotend stapritme weer in.

Vreemde melk

Koeien zijn makkelijker te controleren dan vrouwen.

Dr. R. Apple

'Nog steeds?' Het wordt wel eens gezegd. Of: Wanneer krijgt ze gewóne melk? Houd je ze niet klein? Wacht tot ze tandjes krijgt! Ze leert nooit vanzelf inslapen! Dat kluistert je aan huis!

Blijkbaar is mijn melk abnormaal. Nochtans zijn mijn borsten niet verschrompeld als Assepoesters pompoen. Pup is bepaald kloek, heeft al tanden, pijn doet dat niet. Slapen lukt bij de niet-lacterende man ook. Weggaan is een eitje zonder fles- en poeierheisa (borsten komen vanzelf mee); solo reis ik met een discreet handkolfje.

Sommige moeders die kunstmelk geven, voelen zich onder vuur liggen omdat ze geen borstvoeding geven. Ik kan hen geruststellen. Na de magische zesmaandengrens zijn de rollen omgedraaid, wordt borstvoeding raar gevonden en vermenigvuldigen de opmerkingen mettertijd als bacteriën op een lauwe steak. Al krijgt een kind van nature – zowat overal buiten ons Amero-eurocentrisch eiland – borstvoeding tot pakweg vijf jaar.

Begrijp me goed. Een jaar geleden wist ik van één vriendin die haar kruipende baby nog borstvoedde. Ze is intelligent, funny, welbespraakt. Alleen die borstvoeding, hé. Een beetje griezelig toch. Zaten we op een terras, kreeg die kleine dorst: hups, daar kwam de borst. Een mens verliest er de draad van het gesprek bij.

Een jaar later geef ik compleet vanzelfsprekend de borst, al noem ik het 'drinken geven', wegens minder matroneklank. Ik neem wat extra omega 3 en eet genereus, het is wreed gemakkelijk allemaal. Er is – grote angst vooraf – niets gaan hangen. Ik draag geen sandalen of linnen soepjurken. Ik ben gewoon ik. Maar dan in het raar. Voor mij is het simpelweg wat je elke dag een aantal keer doet: Pup krijgt drinken. Lui of emotioneel, tot daar aan toe. Maar vreemd, mwah.

Als normale mensen Pup zien drinken – haar handje en kopje vragen om troost, voeding of slaap, zeer snoezig en idyllisch allemaal – valt het erg mee. Alleen het ontbloten van de borst, al zien ze geen bal en vermoeden ze alleen actie, is even raar. Borsten horen op een schoteltje in een beha, op de voorkant van het mannenblad of in een strakke jurk. Borsten mogen getoond worden, als ze maar seksueel getint zijn. Gebruik ze waarvoor ze dienen, en de wereld wordt verlegen.

Als gedrag *raar* wordt gevonden, stoppen sommige mensen ermee, anderen provoceren of verdedigen zich. Ik lees me dan in. Wat blijkt: de melkdoos van Pandora zit nog overvoller dan verwacht. De risico's van poedermelk: jawel, nietwaar, ok ja maar niet veel, of juist heel erg en heavy. Veel moederlijk schuldgevoel – onterecht, want voeden zonder hulp en sociale steun is even onmogelijk als het evident is mét. Schandalige derdewerelddumping, groeihormoon in babymelk, marketinggebombardeerde moeders en dokters: de producenten zijn geen watjes. Ik lees over tepelkloven, borstontstekingen, over fles- en borstweigerende baby's, borstvoedingsmaffia, lactivisten, La Leche League. Het valt me op hoe poedermelkfabrikanten vandaag krek dezelfde praat uitslaan als tabakscorporaties circa 1950. Wie is hier de maffia? Ik lees over pasgeboren afgeslachte kalfjes. Dat is waar ook: melk komt niet echt uit een pak. Ik lees over de vreemdste toevoegsels en duw mijn chocomelk opzij.

Mijn eerste reflex was schrijven over dat web van emotie en al-dan-niet-feiten. Melk, borsten en poeder blijken immers politiek en kapitaal relevant. Maar ik ben geen Che Guevara of Jeanne d'Arc. Ik wil gewoon mijn kleine voeden, cultureel beladen borsten of niet. Al blijf ik me afvragen wat mensenmelk voor baby's vreemd maakt, en koeienmelk gewoon.

Borst vs. poedermelk

Het is moeilijk om als je veel leest over borst versus poedermelk niet in lyriek of cynisme te vervallen. De borst wordt bezongen, het poeder verdoemd, ofwel blijft men angstvallig op de vlakte. Daarom wil ik alleen een paar ideeën en feiten voorleggen.

- Borstvoeding is niet 'het beste'

Kinderen krijgen al millennia de borst. Het is op hen afgestemd, en zij op de borstvoeding. Ze hebben het nodig; het is een norm. Het is niet 'het beste'; al de rest is vervanging. De soorteigen voedingsstoffen in borstvoeding worden makkelijk geabsorbeerd, dat geldt voor flesvoeding niet. Dat maakt het minder voedzaam en zorgt voor veel afvalstoffen. Als neveneffect is poepen moeilijker en kan je baby pijnlijk rommelende darmen krijgen.

- Poedervoeding is vervanging

Kinderen groeien op poeder, en flesvoeding is een stuk beter dan ze ooit was. Het is moeilijk te zeggen wat kindjes op flesvoeding missen, omdat men niet precies weet wat in borstvoeding zit en er steeds nieuwe componenten worden ontdekt. De 'ingrediënten' van borstvoeding worden zo goed geabsorbeerd, dat er meer van elke component moet toegevoegd worden aan flesvoeding. Maar die extra toevoeging belast het lichaam van een kindje dan weer te veel, zodat er schade aan spijsverteringsstelsel en nieren kan ontstaan. Het is dus balanceren tussen te veel en te weinig.
De componenten in borstvoeding die levend zijn, zoals lipases, enzymen, witte bloedlichaampjes, stamcellen en afweer/immuunstoffen, kunnen niet worden gereproduceerd. Flesvoeding is dode materie, en kan daardoor die stoffen niet bevatten. Wel bevat het altijd enige bacteriën, en daarom moet je het zorgvuldig bereiden met heet water en afkoelen om het te steriliseren.

- Poedermelk is een commercieel product

Hoe vaak er ook over de borstvoedingsmaffia wordt gesproken, het is de flessenliga die je via grof geld met gekleurde informatie bombardeert en je reclame voert. Het winstaspect zorgt er ten eerste voor dat een flesvoedingsfabrikant zijn markt wil uitbreiden. Met ander woorden: hij wil

zoveel mogelijk baby's van de borst, aan de fles. Hij heeft marketingafdelingen in dienst om via je brievenbus, zijn websites en je babytijdschriften jouw beeld te beïnvloeden. Zijn commercieel afgevaardigden bezoeken pediaters; elke keer dat een pediater zijn merk voorschrijft of aanraadt, levert hem dat een aantal duizend euro op. Jammer genoeg is het een uitgebreid bewezen feit dat reclame werkt (als het niet werkte, zouden fabrikanten zich de moeite en ons de last van hun huidige reclamebombardement besparen). Ten tweede zorgt het commercieel aspect ervoor dat de fabrikant winst wil maken. Wat er in de poedermix gaat, wordt bepaald door wat enerzijds marketinggewijs het beste ligt en wat anderzijds het goedkoopste ingrediënt is; niet door wat gezond is voor baby's. Hij licht je ook niet in over de veiligste manier om flessenvoeding te bereiden, want die neemt tijd in beslag – en dat maakt zijn product onaantrekkelijk.
Ten derde wil de poederfabrikant je kind zo lang mogelijk aan de poedermelk houden. Vanaf één jaar is poedermelk niet meer nodig. Opvolgmelk en pyjamapapjes zijn een commerciële uitvinding. Als je poedermelk gaf, mag je die vanaf één jaar best vervangen door een mix van melken – koemelk, geitenmelk, paardenmelk, sojamelk, amandelmelk, havermelk, quinoamelk, rijstmelk: als je regelmatig afwisselt, krijgt je kindje een ruimer aanbod aan voedingsstoffen.
Of je geeft natuurlijk de borst verder. Gewoon, normaal.

Eindejaarslijstje

Vergeet 'kernfysica' of 'neurochirurgie'. Als we duidelijk willen maken dat iets niet zo heel moeilijk is, zouden we moeten zeggen: 'Hey, het is geen ouderschap…'

Alfie Kohn

Een jaar voorbij: dat roept om lijstjes. Het pakkendste toneel, het beste concert, topboeken. Ik legde ze altijd vast, en het werd soms gepubliceerd. Over dit jaar vraagt niemand mijn culturele mening. Het excuus dat tien uur 's avonds als een gat in de nacht voelt, verbergt niet dat ik opvallend vaak afwezig bleef bij premières en voorstellingen. Mijn eigen muziek brengt mijn dochter van haar melk. Ik las, ja. Neurobiologische onderzoeken, antropologisch schrijfsel en het fictionele topwerk *'Kiekeboe, Kleine Koe'* (*'met interactieve uitklappagina's!')*.

De eindejaarslijst ziet er dus eclectisch uit, zij het met plenty hoogtepunten.

Beste nacht: die allereerste, in ons tweepersoons dat plots voor drie diende. Bekroond om euforie, vertedering, stilte voor de storm en een fantastisch, nog steeds staand record van zeven uur ononderbroken slaap.

Slechtste nacht: de daaropvolgende twee maanden. Geen slaap, wandelen met piepkleine zieke Pup, regelmatig rechtopstaand in slaap knallend.

Beste aankoop: draagdoek. Buitenshuis geen gesleep in metro's en bussen. Binnenshuis handen vrij voor typen, koffie, of godbetert een masker op je falie leggen als de kleine weer niet inslaapt. Dat terwijl baby drinkt, slaapt of tatert en *niet* ook wil typen, koffie omkeilen of gezichtsmaskers in je haar potelen. Ook geen vallende baby wanneer je rechtopstaand in slaap dondert.

Beste aankoop, tweede plaats: schommelstoel. Waan je op Amerikaanse *porches* en hou soezende baby's slapend terwijl je in hete zomers lui 'Summertime' neuriet. En 's winters tijdens de chocomelk 'Noel, Noel'.

Stomste aankoop: prachtig gestoffeerde vintage wieg voor wieghatende Bebe. Tja. *Peer pressure*.

Meest indrukwekkend kraamcadeau: prachtig gestoffeerde vintage wieg, aan vrienden met prille baby.

Meest wijze opmerking: 'Gooi de babyboeken weg. Er is geen recept, je kind toont wel wat ze wil.' (De huisdokter, in antwoord op babyhandleidingen-geïnduceerde wanhoop.)

Beste besluit: babyboeken ritueel verbranden.

Vreemdste gesprek: In poging tot bonding met Antipathieke Kraamhulp: 'heb jij tips voor als Bebe niet in slaap raakt?'

Antipathieke Kraamhulp, stellig: 'Eén methode: leg de baby apart, doe de deur op slot. Hoelang en hard ze ook huilt, ga niet kijken! Anders *wint* ze.'

Beste (zij het verbijsterde) repliek: 'Euh... ik vind het wel ok als mijn baby *wint*.'

Slapste grap: 'Zegt de ene zwangere tegen de andere: "Heb jij ook zo'n opgeblazen gevoel?" Beschamend zwak. Toch gelachen.

Practical joking:
'Hoe weet je nu of de kleine genoeg heeft met die borst?'

'Hier in mijn nek zit een metertje dat the Man na elke voeding voor mij afleest. Kijk maar!' (nekhaar oplichten, wijzen, verrast staan hoe vaak in nek gekeken wordt. Smakelijk uitlachen.)

Beste speeltje: volgens *Ouders van Nu*: de ergonomische, educatieve, multifunctionele rammelaar in natuurlijk materiaal die in mijn living ligt te verstoffen. Volgens Pup: mijn portefeuille/de kat/rollen toiletpapier.

Beste speeltuin: Ben je gek? See one, see them all. *Geeuw*. (Pup distantieert zich heftig van deze mening.)

Grootste verrassing: Twee uitgaansbeesten/reizigers baren één huismus. Mijn dochter cocoont grijnzend met onze vette kater terwijl wij naar verre einders verlangen. Baby's en katten: dikke conformisten zijn het.

Grootste verwezenlijking: baby uit mijn ondermaanse gekregen. Màànden later stellen Pup en ondermaanse het prima. Als dat geen staartje verschaalde champagne waard is. Gezondheid, iedereen!

Duizend nieuwe starts

Gelukkig krijgt iedere moeder gratis bij de baby een bebloemd gordijntje geleverd, dat ze zachtjes toe kan schuiven tussen hem en de toekomst.

Annie M.G. Schmidt

Eindejaar roept bij mij gemengde gevoelens op. Het was altijd gelegenheid voor wat gefeest, in de zetel hangen met de films die we dat jaar misten, en een paar feestavonden lang als niet-autobezittende familiebezoeker in veel te dunne feestkleren rondhangen op steenkoude stationsperrons met de lokale trash en zatlappen. Er moest door mensenmassa's geworsteld worden op zoek naar cadeautjes, kalkoen-of-toch-gebraad worden aangeschaft en vrienden uitgenodigd. Hoewel ik het allemaal dikke commercie vond, keek ik toch terug op het jaar. We aten iets te veel iets overgeprijsd eten, en genoten van een paar dagen vakantie.

Dit jaar zal ik lang twijfelen in de dvd-theek, want releases heb ik niet gevolgd. Maar dat maakt niet uit, want met een rondkrabbelende taterbaby in huis zie je toch maar halve films en is er tot lui zijn bijzonder weinig gelegenheid. The Man, voormalig nachtbeest, betwijfelt luidop of hij het tot twaalf uur uitzingt. Gelukkig kunnen we dit jaar wellicht de steenkoude perrons overslaan.

Het eindejaar is voorgoed veranderd, doordat de aanloop naar het einde van het jaar wordt overschaduwd door die naar Pups verjaardag. We zullen verzamelen rond onze tafel als nieuwbakken familie en één iel kaarsje uitblazen. Zoals de meeste jonge mama's om me heen is die eerste verjaardag beladen. Ook jij verjaart als mama. Het was het begin van gedecimeerde slaap, urenlang wiegensussenspelenvoeden. Van gaan wandelen gewoon 'om het wandelen', geamuseerd of geërgerd zijn door de idiootste spelletjes. Ik herinner me eindeloze weeën, en zal op mijn tong bijten om het geboorteverhaal later niet aan Pup te vertellen op straffe van een licht gedegoûteerd kind.

Je hebt dat eerste jaar bijzonder veel geleerd dat je maar half wilde weten en vraagstukken opgelost die evolueerden met je kind: hoe verschoon je een luier, hoe verschoon je een luier zo snel dat de baby niet gaat huilen, hoe voorkom je dat je kruiper al verschonend poep over de hele tafel krabbelt en vervolgens over de rand mietert. Je wacht: op het eerste lachje, op tekenen van herkenning of erfelijke trekken, op een boertje of op het moment dat je baby in diepslaap is en je eindelijk kan wegsluipen. Je beseft vaak dat kinderen even hard aan routines hangen als ze de jouwe overhoop gooien. Er sluipen onbewuste herinneringen je handen in en je mond uit. Meestal – hopelijk – heb je onpeilbare liefde voelen geboren worden. Je hoopt vaak. Altijd het beste. Je probeert niet te denken aan plagen op school, vallen met fietsen op drukke straten, aan tandcariës, leerproblemen, foute vriendjes of stomme ongelukken.

En dus vieren we. We klappen voor haar, en stiekem voor onszelf: we vieren onze verjaardag als ouders en kind. The Man en ik zijn mama en papa. Meer dan een titel verschuiven onze opvattingen, verwachtingen, ons gedrag, voorkeur, waarden en normen. We proberen ook nog onszelf te zijn en een relatie te hebben, wat niet meevalt maar stilaan weer mogelijk wordt.

Een verjaardag, zeker van een eerste kind, heeft veel weg van een eindejaar. Je kijkt terug op wat is geweest. Je kijkt vooruit vol verwachting en voorzichtige anticipatie. Het kaarsje uitblazen zal dit jaar meer symboliek dragen dan kerstboom, stalletje, kerststronk, champagne, aftellen gecombineerd. We vieren het begin van een nieuw leven voor haar en voor ons. We vieren duizend nieuwe starts.

Borstvoeding: fabels en weetjes
Een gesprek met Bieke Purnelle

Bovenaan de lijst van vragen aan de moeder stond "Wat voor voedingspatroon heeft u algemeen gesproken?" en "Hoeveel minuten voedt u de baby met elke borst?" Het correcte antwoord op beide vragen is natuurlijk "Bemoei je met je eigen zaken!"

Gabrielle Palmer

Bieke Purnelle werd door de geboorte van twee pittige zonen van ex-rockmanager en taalleerkracht in draagconsulente en La Leche League-medewerkster getransformeerd.

Ons baby'tje was te zwaar bij de geboorte. We moesten dus wel bijvoeden in het ziekenhuis, omdat de suikerspiegel anders teveel zakte, en dat is heel gevaarlijk bij pasgeborenen.

Sommige baby's, waaronder overdragen en zware baby's, lopen een verhoogd risico op te laag bloedsuikergehalte (hypoglycaemie). Bij gezonde en op tijd geboren baby's komt het zelden voor. Als een baby toch symptomen vertoont is dat meestal te wijten aan uitgesteld of niet vaak en lang genoeg voeden, en het komt vaker voor wanneer moeder en baby gescheiden worden na de geboorte. Suikerwater wordt toegediend in de hoop hypoglycaemie te voorkomen, maar veroorzaakt juist een plotse stijging van bloedsuikerwaarden met daarna een plotse daling. Wat wél werkt zijn frequente, kleine, eiwitrijke maaltijden, zoals frequent borstvoeden. Loopt je baby risico op hypoglycaemie, dan zullen tien à twaalf voedingen per etmaal zijn bloedsuikerspiegel stabiliseren.

Ik had gewoon niet genoeg melk! Je kan dat kind toch geen honger laten lijden?

Veel moeders denken dat ze te weinig melk hebben, terwijl dat niet zo is. Slechts zo'n twee procent van de moeders maakt structureel te weinig melk aan. In de meeste gevallen is er iets anders aan de hand. Vanwaar dat hardnekkige idee?

- Baby's willen erg vaak drinken, omdat ze grote zuigbehoefte hebben en dicht bij hun mama willen zijn. Vaak voeden – acht à twaalf keer of meer – is normaal, zelfs nodig. Alleen bij een kunstvoedingsschema drinkt een baby gemiddeld om de vier uur, maar dat werkt heel anders dan borstvoeding.
- Soms gaan baby's plots vaker of langer drinken, zoals baby's die na weken slaperigheid na de geboorte alert worden of die een groeispurt doormaken en tijdelijk meer nodig hebben.
- Soms is er onzekerheid doordat de baby onrustig is, soms de hele dag door. Honger hoeft dat niet te zijn. Vaak blijft de oorzaak onduidelijk en gaat het na een tijdje vanzelf beter.
- Je borsten voelen op een bepaald moment zachter aan, zonder stuwing. Dan is de melkproductie gewoon aangepast aan vraag en behoefte van het kind.
- Als een baby niet voldoende bijkomt in gewicht, hoeft dat niet te betekenen dat er niet genoeg melk geproduceerd wordt. Misschien wordt niet vaak en/of niet lang genoeg gevoed, is de baby erg slaperig en drinkt daardoor niet

lang genoeg aan de borst. Misschien heeft de baby een verkeerde drinktechniek en krijgt hij de melk niet efficiënt uit de borst.

- Al die oorzaken verhelp je met een optimaal borstvoedingsbeleid en, indien nodig, wat deskundige hulp. Slechts heel zelden is er ook dan nog 'te weinig melk'.

Mijn kindje zakte op borstvoeding onder de curve! Volgens de verpleegster van het consultatiebureau is mijn melk te licht. Dus toen zijn we overgestapt.

Voedingswaarde van moedermelk is aantoonbaar heel constant en blijft zelfs in extreme omstandigheden zoals hongersnood en oorlog uitstekend van kwaliteit. Enkel bij uitzonderlijke, ernstige ondervoeding bij de moeder zou de moedermelk een iets lagere voedingswaarde kunnen hebben.

Als een baby niet optimaal groeit of bijkomt, kijk dan vooral naar het borstvoedingsbeleid; wordt er minstens acht à twaalf keer per etmaal gevoed, hapt de baby goed aan met goede drinktechniek, drinkt hij lang genoeg zodat hij ook aan de vettere melk toekomt (moedermelk wordt geleidelijk vetter tijdens de voeding)? Belet een tepelhoedje de baby om de borst goed te legen?

Mijn kindje zat op borstvoeding enorm boven de curve. Dat kon niet gezond zijn. Ik ben dan begonnen met schemavoeden op raad van de dokter. Zo kwam ons kindje wel gewoon aan.

In principe kan je een borstgevoede baby niet overvoeden. Bij pijn, vooral door reflux, is een baby geneigd vaak aan de borst te drinken om pijn te stillen en de zuurbrand in de slokdarm te blussen. Mocht zo'n baby nu zóveel melk binnenkrijgen dat hij een excessief groeipatroon gaat vertonen, dan kan een moeder blokvoeden; de baby in een afgelijnd tijdblok steeds dezelfde borst geven. Zo kan hij zuigen naar behoefte zonder steeds een grote hoeveelheid melk te drinken. Ook bij een moeder die erg veel melk aanmaakt is blokvoeden een prima oplossing.

Maar het groeipatroon vlakt na een tijdje vanzelf af. Een baby die sterk groeit wordt niet automatisch dik als kind of volwassene. Veel gezonde borstbaby's vertonen de eerste maanden een snelle groei.

Curves zijn gemiddelden; er zitten altijd kinderen bovenaan en onderaan de curve. Zolang een baby zijn eigen curve volgt, is er geen reden tot bezorgdheid. Borstgevoede baby's lopen zelfs minder risico op overgewicht later in hun leven.

Mijn baby kreeg vreselijke krampen van borstvoeding, mijn melk was te zwaar.

Door de constante samenstelling en kwaliteit kan moedermelk niet 'te zwaar' zijn. De eerste maanden hebben veel baby's wel last van buikkramp. Een medische verklaring is er meestal niet, doorgaans gaan de krampen na een aantal maanden vanzelf over. Baby's worden geboren met een spijsverteringsstelsel dat nog onrijp is. Moedermelk is aan dat onrijpe darmstelsel aangepast; het is licht verteerbaar en schermt de darmen af.

Sommige baby's zijn overgevoelig voor voedingsmiddelen die de moeder eet of drinkt en kunnen via de moedermelk reageren, bijvoorbeeld op bepaalde vitaminepreparaten, cafeïne, kunstmatige zoetstoffen of bepaalde eiwitten (het vaakst koemelkeiwit). Dat gebeurt vooral bij allergieën in de familie. Reageert een baby werkelijk overgevoelig op een voedingsstof, dan schrapt de moeder die het best (tijdelijk) uit haar dieet.

Te veel lucht happen aan de borst kan ook krampen geven, zoals wanneer de moeder erg veel melk heeft en de melk heftig toeschiet. Laat de heftigste melkstroom even weglopen zodat baby rustiger kan drinken, bestrijd de overproductie door blokvoeden. Je kan de baby ook op je buik liggend tegen de zwaartekracht in laten drinken, zodat de melk niet zo heftig spuit.

Ons kindje heeft reflux, en voor zo'n kindje is borstvoeding naar het schijnt niet goed. Er is ons antirefluxvoeding voorgesteld. Zoals de dokter zei: 'Een baksteen kan je niet oprispen.' Maar als ik stop met de borstvoeding, kan ik natuurlijk niet terug.
Op een enkele uitzondering na, is het voor baby's die last hebben van reflux fijn om vaak kleine porties te drinken. Minder druk in hun maag vermindert de neiging om te spugen, het drinken verzacht de pijn. Dikkere voeding stroomt evengoed in de slokdarm terug als moedermelk. Die blijft bovendien langer in de maag omdat ze minder goed verteerbaar is. Indikken of bijvoeden met sterk verdikte melk kan reflux zelfs bevorderen; de dikkere melk wordt even zuur en wordt langer opgerispt naar de slokdarm. Dat is voor een baby nog onaangenamer, pijnlijker en gevaarlijker. Doordat ingedikte melk langer in de maag blijft, bestaat de kans dat de baby niet voldoende melk en voedingsstoffen binnen krijgt. Zelfs bij ernstige reflux helpt indikken dus niet. Wel kan je medicatie bespreken met je arts die het zuur neutraliseert of afremt. Het terugvloeien van de melk wordt daardoor niet meer hinderlijk en pijnlijk.

Ons zoontje kwam niet genoeg bij. Ik ben op aanraden van de verpleegster beginnen meer papjes te geven en met de borstvoeding te minderen. Waar melk zit kan niets anders zitten, hé.
Als een baby slecht bijkomt is het belangrijk eerst de borstvoeding eens onder de loupe te nemen en bij te sturen. Borstvoe-

ding is erg voedzaam, zowel wat calorieën als voedingsstoffen betreft. Zowat elke bijvoeding valt hierbij in het niet.

Als je te weinig aanlegt, kan het wel zijn dat je te weinig melk hebt. Daar kan je niks aan doen, dan moet je bijvoeden.
Als je te weinig aanlegt kan het inderdaad zijn dat je productie terugloopt. Dus waarom zou je dat doen? Als je productie teruggelopen is, kan je je kindje een tijdlang meer aanleggen. De extra 'vraag' geeft meestal snel veel meer 'aanbod'.

Ik geef geen borstvoeding, hoor. Zo vermoeiend! Dat kind wou de hele tijd drinken, zelfs 's nachts. Met flesjes ben je veel beter af. Dat ligt zwaarder op de maag, ze zijn langer tevreden en dan krijg je meer slaap.
Onderzoek toont dat borstvoedende moeders niet vermoeider zijn dan moeders die kunstvoeding geven. Integendeel, ze blijken kwalitatief beter te slapen dan moeders die de fles geven, onder meer dankzij oxytocine die vrijkomt tijdens de borstvoeding en die moeder en baby snel en vlot in slaap helpt na de voeding. Ligt de baby 's nachts dicht bij zijn moeder, dan hoeft ze het bed niet uit voor het voeden en zijn nachtvoedingen niet zo vermoeiend; zeker minder dan 's nachts je bed uit moeten en een flesje klaarmaken. Kunstvoeding biedt trouwens geen enkele garantie op doorslapen. Baby's hebben gewoon een ander slaappatroon dan volwassenen, of ze nu borst of fles krijgen.

We hadden echt veel problemen met de borstvoeding. De pediater heeft ons aangeraden op flessen over te stappen. Zo'n kinderarts weet wat goed voor een kind is, hoor.
Dat artsen veel weten over borstvoeding is een misvatting. De

meeste artsen zijn prima opgeleid om medische problemen te behandelen, maar wat borstvoeding betreft vertrouw je beter op een geschoolde borstvoedingsexpert: een lactatiekundige of een medewerker van een borstvoedingsorganisatie. Borstvoeding krijgt maar een erg kleine, theoretische plek in de artsenopleiding.

Wij willen snel weer een volgende kindje, en als je borstvoedt ben je onvruchtbaar. Dus ik moet heel snel met de borstvoeding stoppen.
Na de geboorte blijft de vruchtbaarheid meestal een tijd uit doordat een hoger hormonaal prolactinegehalte in je bloed de eisprong onderdrukt. Borstvoeding geven houdt het prolactineniveau vrij hoog en kan je vruchtbaarheid uitgestellen. In welke mate en hoelang varieert per persoon en situatie. Hoe vaker het kind drinkt, hoe hoger het prolactineniveau, hoe langer de eisprong gemiddeld uit zal blijven. Een borstvoedende moeder die haar baby optimaal en langdurig voedt zal gemiddeld na 14,6 maanden opnieuw gaan menstrueren. Je bent dus na amper een jaar weer vruchtbaar. Door eiwitrijke westerse voeding en minder lang, optimaal en korter live voeden, keert de menstruatiecyclus zelfs vaak veel sneller terug. Zodra je regelmatig menstrueert is de kans groot dat je weer een eisprong hebt en vruchtbaar bent.

Ik ben gestopt toen ons kindje zes maand was. De dokter zei dat er vanaf dan niet genoeg voedingsstoffen meer in de melk zitten. Dus we zijn met papjes begonnen en hebben haar flesjes gegeven.
Nee hoor, moedermelk blijft gewoon voedzaam genoeg, voedzamer dan elke vervanging. Ook na zes maanden zitten er antistoffen in, zelfs meer wanneer het kind mobieler wordt. Je melk blijft perfect uitgebalanceerd, vol essentiële mineralen,

vitaminen en essentiële vetzuren voor de groei van het neurologische systeem en de hersenen. Borstvoeding heeft ook voor oudere baby's en peuters niets dan voordelen. Kinderen die voldoende lang borstvoeding krijgen, hebben aantoonbaar minder kans op atopisch eczeem, allergie, acute middenoorontsteking en andere aandoeningen. Borstvoeding beschermt wellicht ook tegen voedsel- en glutenovergevoeligheid (coeliakie), infecties en ontstekingen zoals diarree, hersenvlies- en blindedarmontsteking en luchtweg- en urineweginfecties, wiegendood, auto-immuunziekten en jeugddiabetes. Hoe langer een kind borstvoeding krijgt, hoe groter de voordelen blijken. Moedermelk past zich aan per leeftijdsfase met de veranderende behoeften van een kind.

Ik ben gestopt toen ik aan het werk ging. Dat combineren was echt niet te doen.

In België en Nederland heb je als werkende moeder voed- of kolfrecht tot je kindje negen maanden is. Dat betekent dat je werkgever wettelijk verplicht is je tot dan te laten kolven, zodat je kindje gevoed kan worden.

Ik ben gestopt omdat het mijn weerstand ondermijnde. Door borstvoeding word je leeggezogen.

Borstvoeding kost weinig moeite. Het is zo normaal als zwanger zijn, bevallen, vrijen. Zo'n essentieel proces maakt de natuur niet onnodig moeilijk. Borstvoeding kost gemiddeld 500 kcal extra; een paar boterhammen extra per dag dus. Wel heeft je lichaam flink veel energie en tijd (negen maanden) nodig om te ontzwangeren en te recupereren. Dat maakt elke jonge moeder vermoeider en haar weerstand wat minder. Borstvoedingshormonen zorgen ervoor dat je wat 'mellower' en meer ontspannen bent. Ze ondersteunen dus je lichaam in een best moeilijke periode. De beloning van Moeder Natuur voor het zorgen voor een mensenbaby.

Ik kon de borstvoeding niet volhouden. Borstvoeding geven is enorm vermoeiend.

Een kind krijgen is inderdaad vermoeiend. Dat geldt voor borstvoed- en flesmoeders. Je moet recupereren van de zwangerschap en de bevalling, je hormonen jojoën, een kleine baby vraagt veel aandacht en ook emotioneel is een kindje krijgen pittig. Maar moeders die kunstvoeding geven blijken net zo moe te zijn als borstvoedende moeders. Onderzoek toont zelfs geen verschil – al hadden borstvoedende moeders wel betere slaapkwaliteit, en dus iets meer rust.

De hele samenleving is toch voor borstvoeding? Waarom bestaan borstvoedingsorganisaties eigenlijk?

La Leche League is een internationale vrijwilligersorganisatie die informatie, hulp en steun wil geven aan moeders die hun kinderen borstvoeding (willen) geven. We vinden borstvoeding een belangrijk element in de gezonde ontwikkeling van het kind dat bijdraagt tot bewust ouderschap en een hechte gezinsband. Momenteel starten wel heel wat moeders met borstvoeding, maar obstakels doen velen afhaken. Borstvoeding blijkt in de praktijk minder vanzelfsprekend dan verwacht en de zorgverlening schiet soms tekort. Vandaag zijn borstvoedingsorganisaties bijzonder relevant omdat moederschap en dus ook borstvoeding steeds meer binnenhuis- en privé-ervaring worden. Kennis en ervaringen worden minder doorgegeven van moeder tot moeder, zoals vroeger bij ons, en elders nog steeds. Borstvoeding geven moet je leren, en dat kan bij ons: van andere moeders met persoonlijke ervaring en een degelijke opleiding.

Ik hoor vaak 'ik had niet genoeg', 'mijn dochter wou niet eten', 'ik werd zot van alle schuldgevoelens'. Borstvoeding lijkt één groot probleem...
Borstvoeding loopt echt wel vaak van een leien dakje. Nu zijn succesverhalen een stuk minder spectaculair dan horrorverhalen over kraters van tepelkloven of borstabcessen. En die hoor je dus minder vaak. Wat helpt bij een succesvolle borstvoedingsstart is een goede voorbereiding: correcte informatie gebruiken en realistische verwachtingen hebben. Baby's beantwoorden zelden aan rozige reclamebeelden. Ze slapen niet dag en nacht tevree, drinken niet elke drie uur twee borsten leeg. Baby's kunnen onverzadigbaar lijken, krampjes en reflux hebben, en appreciatie voor je prachtige antieke wieg, hippe kinderkamer of kinderwagen hebben ze ook al niet. Weet je tijdens je zwangerschap dat een boreling zo'n tien voedingen per etmaal nodig heeft, huid- en mamahonger heeft en nachtvoedingen erbij horen, dan schrik je je niet dood als uk er is.

Verder helpt goede en vakkundige begeleiding. Daar loopt het regelmatig fout. Ziekenhuisstaf en artsen geven moeders vaak ondermaatse kennis over borstvoeding en fabeltjes door. Echte deskundige hulp maakt een verschil; hou dus het nummer van een borstvoedingsorganisatie en een goede lactatiekundige bij de hand. Zelfs bij borstvoeding is kennis macht, en een goed geïnformeerde moeder laat zich minder wijsmaken.

Een derde factor is steun. Steun van partner, (schoon)moeder, vriendin... Steun van je omgeving blijkt belangrijk voor het slagen van de borstvoeding.

Ten slotte: vertrouwen. Als kersverse moeder ben je vaak

onzeker. Je bent moe, kwetsbaar, de hormonen gieren, twijfel en opmerkingen kunnen hard aankomen (Heeft hij nu weer honger? Je moet ze niet bij elke kik oppakken!). In een 'meetbare' cultuur kan controle loslaten moeilijk zijn; borstvoeding integendeel toont dat elke relatie tussen moeder en kind individueel en uniek is. Vertrouwen in je eigen inzicht en intuïtie en in je kind: dat helpt borstvoeding slagen.

Ik kreeg de indruk dat borstvoeding ook een lichamelijk-psychologisch effect heeft. In de weken dat ik een fles gaf voelde ik me down, een wrak. Zelfs toen mijn man een nacht had overgenomen (en de volgende dag zelf een wrak was) en ik wat had kunnen recupereren. Hoe zit dat? Psychologisch effect? Aangepraat schuldgevoel?
Schommelingen in de hormoonspiegel kunnen sterk wisselende stemmingen veroorzaken. Juist tijdens en na een zwangerschap bereiken hormonen bij een vrouw hoge pieken en diepe dalen. Borstvoeding houdt je hormoonspiegel positiever. Stoppen met borstvoeden – tijdelijk of definitief – kan bij sommige moeders negatieve of depressieve gevoelens opwekken.

Dan hebben we het gezondheidsaspect. De medische wereld roept dat borstvoeding beter is. Maar welke risico's hebben flesjes voor jezelf en je kind? Zoals er wel eens wordt gezegd: er zijn hele generaties groot op geworden.
Borstvoeding is gewoon gemaakt voor mensenbaby's. Dat maakt het onevenaarbaar en soortspecifiek. Het bevat precies de voedingsstoffen, antistoffen, groeihormonen en levende cellen die een mensenbaby nodig heeft. De aangetoonde eigenschappen van borstvoeding kunnen een boek vullen. Een paar ervan zijn:

- Niet-geborstvoede baby's ontwikkelen lichamelijk en neurologisch minder snel. Ze zijn vaker ziek en mankeren de antistoffen in moedermelk. Borstgevoede baby's worden op diverse manieren beschermd tegen verschillende ziektes zoals longontsteking, botulisme, bronchitis, stafylokokken infecties, griep, oorontstekingen en mazelen.
- Moedermelk is makkelijker verteerbaar dan koemelk (en dus ook kunstvoeding) en wordt beter opgenomen.
- Borstgevoede baby's hebben minder allergieën; ze worden beschermd tegen eczeem, voedselovergevoeligheid en allergieën van de luchtwegen. Een heleboel baby's zijn allergisch voor kunstvoeding op basis van koemelk, en soms ook op sojabasis.
- Borstgevoede baby's hebben op latere leeftijd minder kans op astma en astmatische aandoeningen.
- Niet-geborstvoede kinderen krijgen drie tot vier keer vaker middenoorontsteking.
- Een aantal studies toont verband tussen wiegendood en geen borstvoeding krijgen. Iedere maand borstvoeding halveert de kans op wiegendood in vergelijking met kunstvoeding.
- Baby's die kunstvoeding krijgen, hebben vaker diarree en buikgriep.
- Meningitis of hersenvliesontsteking wordt veroorzaakt door een bacterie (Hemophilus influenzae type B (HiB)). Borstvoeding beschermt tegen de infecties die deze bacterie veroorzaakt en de meningitis die eruit kan voortkomen.
- Geborstvoede baby's worden half zo vaak in het ziekenhuis opgenomen met longontsteking en bronchitis en hebben 20% minder infecties aan de onderste luchtwegen.
- Eén maand borstvoeding geeft 21% minder kans op leu-

kemie dan kunstvoeding. Zes maand borstvoeding brengt dat tot 30%.

- Het spijsverteringskanaal van je baby rijpt trager onder kunstvoeding.
- Wie als kind kunstvoeding kreeg, heeft als volwassene 25% meer kans op borstkanker.
- Kunstgevoede baby's hebben meer kans op stoornissen van de hart-longfunctie.

Het is een lange lijst, en nog làng niet volledig.

Wie borstvoeding relativeert, zegt dat de wetenschap achter die argumenten wankel is... Waar? Niet waar? Iets ertussenin?

Tja, de onderzoeken zijn diepgaand en erg vaak herhaald. Maar je kan je afvragen of studies zelfs nodig zijn. Mensen zijn gewoon zoogdieren. Geen enkel ander zoogdier zou zijn jong melk van een andere diersoort geven. Uiteraard is moedermelk ideale melk; het is mensenmelk voor mensenbaby's. Zoals katten melk maken geschikt voor kittens. Moeders beginnen melk te produceren tijdens de zwangerschap, baby's worden geboren met een sterke zuigreflex en gaan reflexmatig blind op zoek naar moeders borst; borsten zijn gemaakt om baby's mee te voeden. En uiteraard is melk van een snelgroeiend, langpotig, gehoefd, viermagig zoogdier niet de ideale voeding voor een mensenbaby met een groter brein en andere anatomie. Ook heeft borstvoeding grote emotionele waarde en doet het wonderen voor hechting tussen moeder en kind en zelfvertrouwen. Borstvoeding is meer dan voeding alleen.

Wat is flesvoeding eigenlijk? Wat zit erin?

Kunstvoeding wordt gemaakt door het bewerken van koemelk. De eiwitten worden chemisch bewerkt om beter verdragen te worden, de dierlijke vetten vervangen door plantaardige, het water verwijderd. Daarnaast worden verschillende supplementen uit andere stoffen toegevoegd zoals vitamine D en K, ijzer en vezels. Er is speciale dieetvoeding zoals hypoallergene (HA) voeding of voeding op basis van soja, omdat sommige baby's allergisch zijn voor koemelk of lactose niet goed kunnen afbreken.

Borstvoeden, wordt wel eens gezegd, moet je op 'instinct' doen. Hoort zoiets natuurlijks niet makkelijker te gaan? Heb ik pech gehad in die eerste tijd?

Tja, bevallen is ook een natuurlijke daad, en die gaat bij veel vrouwen niet bepaald vanzelf en niet altijd natuurlijk. Bij andere zoogdieren gaat zogen inderdaad vanzelf, met een uitzondering hier en daar. Maar die zien elkaar dan ook gewoon overal zogen. Zie je, toen in een Nederlandse zoo een gorillajong geboren werd was het groot feest, maar bleek de moeder geen idee te hebben hoe het te zogen. Die had het ook nog nooit zien doen. Zogende gorilla's zijn moeilijk te organiseren, dus posteerde de staf een aantal borstvoedende moeders voor de kooi. Die strategie werkte.

We zijn in onze samenleving wel wat instinctief vertrouwen verleerd, maar het is best normaal om iets dat je zelden of nooit zag niet meteen onder de knie te hebben. Zwangerschap en bevallen gebeuren vaak niet natuurlijk, onder toezicht en met nadrukkelijke medische en wetenschappelijke ondersteuning. Maar bij borstvoeding gaat men ervan uit dat de natuur zal overnemen? Als dat niet klopt, zijn teleurstelling en het gevoel te falen natuurlijk groot.

Bedenk ook dat pas bevallen moeders aan heel wisselvallige professionele borstvoedingskennis blootstaan. Ze krijgen vaak drie totaal verschillende adviezen binnen de 24 uur. Een eerste vroedvrouw zegt zus, een tweede zo, de kinderarts wat anders. Je zou voor minder onzeker worden.

Na zo'n drie à vier maanden was borstvoeding echt een eitje en vond ik mezelf een geluksvogel in vergelijking met moeders die flessen gaven. Geen apotheek, apparatuur, huilend wachtende baby, nooit uit mijn bed 's nachts... die eerste weken waren het opeens zo waard! Toch lijken vrouwen juist op dat moment massaal te stoppen. Leg eens uit?
In de praktijk stoppen moeders vaak met voeden wanneer ze weer aan het werk gaan, na zo'n drie à vier maanden. Borstvoeding en werken combineren kan best pittig zijn. De wet voorziet dat je als moeder negen maanden mag kolven tijdens de werktijd en van de werkgever zowel de tijd als de ruimte hoort te krijgen. De praktijk kan ontluisterend zijn: de baas vindt het onzin, kolven moet in wc of bezemhok, je wordt scheef bekeken...of je werk zelf maakt kolven praktisch nagenoeg onmogelijk. Het kan stressvol zijn: kolf ik genoeg, wil mijn baby de fles wel bij de oppas? Als je fulltime werkt, kan borstvoeding een hoop gedoe lijken. Aanmoediging door de omgeving is er zelden. Zo houdt het borstvoedingsverhaal vaak op. Toch kan borstvoeding een werkende moeder net helpen om de band met haar baby te versterken en de scheiding voor zowel moeder als kind makkelijker te verwerken. En je wettelijke rechten kan en mag je afdwingen zonder professionele gevolgen.

Ik heb als borstvoedmama niet met een werkgever te maken, maar het lijkt me geweldig om juist in de opvang je kindje die immuniteit mee te geven; daar rapen ze immers veel ziektekiemen op. Met

borstvoeding is je kind dus minder ziek, niet? Weegt dat niet op tegen praktische obstakels?
Borstvoeding geven en werken kan inderdaad euh... werken. In de meeste Scandinavische landen zijn de borstvoedingscijfers indrukwekkend, in vergelijking met de onze: België bungelt onderaan de lijst in Europa. Negentig procent van moeders geeft daar borstvoeding, zestig procent langer dan zes maanden. Dat zonder nationale borstvoeding-promocampagnes of medische druk. Er is wel een moederschapsverlof van een jaar tot achttien maanden.

Evengoed is blijven voeden en uit werken gaan mogelijk. Welwillendheid van de werkgever en steun en begrip van de omgeving spelen een cruciale rol. Veel moeders kennen hun rechten niet, durven ze niet afdwingen, of het wordt hen onmogelijk gemaakt te kolven tijdens de werkuren. Daarop heb je nochtans recht – informeer je bij je ziekenfonds! Best wat moeders redden het ook met een combinatie van borst en fles. Die geven de 'live' voedingen, als ze bij hun kindje zijn, met de borst. Avond-, nacht- ochtend- en een aantal weekendvoedingen zijn een heleboel voedingen bij mekaar. Zo krijgt het kindje extra weerstand mee en zijn moeder een hormonale opkikker.

Sommige baby's schijnen de borst niet te willen. Hoe kan dat? Aan de borst drinken is toch een natuurreflex? Wat doe je dan als mama – want het lijkt me ongelofelijk frustrerend...
Er zijn een paar mogelijke oorzaken voor borstweigeren bij baby's. Bij niet goed aanleggen kunnen baby's de borst gaan weigeren, omdat keer op keer slecht aanliggen frustrerend is. Een baby met een te korte tongriem kan de borst niet goed in zijn mond nemen of houden. De oplossing is het tongriempje

te laten inknippen, een simpel en kort ingreepje. Met erge stuwing of ingetrokken of vlakke tepels kan de baby geen of te weinig grip hebben op de tepel en de borst niet goed in de mond nemen. Even kolven maakt de borst soepeler en geeft de baby meer grip. (Ingetrokken of vlakke tepels hoeven geen probleem te zijn als de borst niet (meer) gestuwd is; de baby drinkt door de héle tepelhof in zijn mond te nemen, niet enkel de tepel.)

Pijn, zoals bij tang- of vacuümverlossing of een gebroken sleutelbeen, kan een baby moeite geven met drinken aan de borst. Spruw in zijn mond kan pijn bij het drinken veroorzaken. Een zware en moeizame geboorte en eventuele invloed van medicijnen of verdoving van de moeder kunnen een vlotte borstvoedingsstart belemmeren. Sommige baby's hebben zwakke reflexen of zijn gewoon te suf voor de eerste voedingen.

Als een baby van een flessenspeen, fopspeen, tepelhoedje, duim, pink of zelfs een kopje of spuitje heeft gedronken, dan kan hij in de war zijn. Hij neemt de borst in de mond maar drinkt niet actief of efficiënt. Bij zulke zuigverwarring kan een baby uit frustratie gaan borstweigeren. Zuigverwarring kan in elk stadium van de borstvoeding optreden.

Ten slotte kunnen een ruwe behandeling van het gevoelige mondgebied, zoals het uitzuigen van de mond, intubatie, ruw mondonderzoek en geforceerd worden om aan de borst te drinken ervoor zorgen dat de baby de borst gaat weigeren. Dat is een hele waslijst. Het beste is om als het kan, die oorzaken voor te zijn. Maar er bestaan ook een héleboel technieken om een baby weer aan de borst te krijgen. Een lactatiekundige kan je daarbij helpen.

Emotie en hechting
Een gesprek met Sue Gerhardt

Ik leer op de manier waarop een aap leert, door zijn ouders te imiteren.

Prince Charles

Sue Gerhardt is psychoanalytisch psychotherapeute en auteur van *Waarom liefde zo belangrijk is: hoe de liefde voor je baby zijn hersenen vormt* (2009) en van *The Selfish Society: how we forgot to love one another and made money instead* (2010). Ze was medestichter van The Oxford Parent Infant Project, een organisatie die psychotherapie biedt aan ouders en baby's en momenteel zo'n vijftig gezinnen per week helpt. Ze woont in Oxford en heeft twee volwassen kinderen.

Toen mijn dochter pas was geboren hoorde ik een hoop... laat ik ze oneliners noemen over opvoeding; een mengeling tussen bakerpraatjes, traditie en populaire meningen. Ze hoorde zichzelf te leren troosten, ik moest haar niet oppakken als ze huilde, en ook al konden baby's niet verwend worden, ze konden wel 'gewennen'. Ze moest apart van ons slapen, ze zou wennen aan het te veel vasthouden, en te vaak bij me zijn.

Al deze ideeën hadden een soort ingebouwde dreigende straf: ze zou verwend worden, voortdurend huilen, me manipuleren, nooit ons bed verlaten, onze relatie en seksleven vernietigen, enzovoort.

Natuurlijk merk je als je dat soort meningen negeert dat het kind even lief wordt als een ander en niet meer (eerder minder) eisen stelt. Maar hoe valt het te verklaren dat zowat de hele publieke opinie ouders ervan af lijkt te willen houden om de noden van hun kind te vervullen en contact tussen ouders en kind ontmoedigt? En is het inderdaad een goed idee om vanaf het begin je kind op te voeden en regels bij te brengen?

De vergissing van deze mensen zit hem erin dat baby's een volledig ontwikkelde geest en intentie wordt toegedicht. Die hebben ze niet – net zo min als een babyvogeltje of een puppy, dat zich veilig en gevoed moet weten en verwelkomd in een sociaal milieu waar het zich thuis voelt. Baby's realiseren zich niet dat andere mensen noden hebben of zelfs maar een aparte geest. Ze willen dolgraag over mensen leren en zijn gefascineerd door gezichten, maar eerst moeten ze zichzelf en hun emoties leren kennen. Hoe meer ze zich van zichzelf bewust worden, hoe meer ze zich ook realiseren dat andere mensen bestaan en gevoelens hebben.

Baby's hebben geen zelfbeheersing, en regels zijn dus van geen nut voor hen. Wanneer oudere baby's en peuters rigide discipline en 'regels' worden opgelegd, leren ze uiteindelijk alleen hun gevoelens te negeren of onderdrukken, en te gehoorzamen aan wie de macht heeft.

In een column over kinderzorg zei ik verbaasd en bijna gechoqueerd te zijn door de babyafdeling van de buurtcrèche. Die was verder uitstekend, met een heel mooi pedagogisch plan en prachtige ideeën. Maar de baby's lagen daar gewoon, staarden wat rond naar speeltjes, kregen flessen en nieuwe luiers op vaste tijden en

werden verondersteld vanzelf in slaap te vallen. Mijn dochter sliep alleen in een draagdoek, dronk wanneer ze dorst had en hoefde niet te huilen. Ben ik een ouwe softie?
Je beschrijving van dat kinderdagverblijf klinkt als een vreselijke sf-film. Baby's hebben een enorme honger naar dingen leren over mensen. Ze hebben nood aan een paar nabije relaties met zorgzame mensen die hen kunnen leren hoe je mens bent – mensen die hun gevoelens opmerken, die met hen spelen, praten, en hen helpen om met anderen te leren omgaan. Die arme baby's lopen het gevaar emotioneel analfabeet te worden.

Het had natuurlijk anders kunnen gaan. In mijn vorige job was ik als moeder onder grote druk gezet door mijn werkgever om terug te komen werken en te presteren zoals voordien. Overuren zou ik nauwelijks kunnen beperken, mijn kind zou het vaak en snel zonder mij hebben moeten stellen. Mijn hart zou vast gebloed hebben, maar ik had wellicht geen andere manier gezien dan mijn baby in een crèche te laten voor erg veel uur per week. Het zou fantastisch zijn als de maatschappij de noden van baby's en kleine kinderen accepteerde om hun ouders of liefdevolle verzorgers bij zich te hebben en daar ook op inspeelde. Maar hoe ga je om met de huidige realiteit: een baby die bij je wil zijn en een moeder en vader die onder maatschappelijke druk staan om fulltime te werken?
Er zijn twee manieren om hiermee om te gaan. Ofwel geef je de maatschappij een uitdaging en zeg je 'mijn baby heeft me nodig' – dat gaat om twee jaar van een ongeveer vijftig jaar lange carrière. Ofwel blijf je professioneel gericht, en investeer je een groot deel van je inkomsten in een heel goede onthaalmoeder of nanny, die dol is op je kind en verschillende jaren in de job blijft.

Hechting is blijkbaar een erg belangrijke factor om te overwegen bij kleine kinderen en baby's. Maar wat is 'veilige' of 'goede' hechting eigenlijk?
Veilige hechting betekent dat een kind erop vertrouwt dat zijn hechtingsfiguren zijn noden zullen vervullen, vooral als het zich onprettig voelt. Het is het vertrouwen dat zij zullen reageren, en een probleem of misverstand zullen helpen rechtzetten en oplossen.

Sommige Belgische kranten publiceerden kort geleden met een zekere hype de uitkomsten van een onderzoek. Daaruit bleek dat kinderopvang weinig invloed heeft op een baby of kind, zo lang het kind thuis maar liefdevol wordt behandeld. Wat is uw mening hierover?
Het gaat om een onderzoek dat veilige hechting onderzocht. Kinderen kunnen inderdaad veilig gehecht zijn aan ouders die ze alleen na de werkuren zien, als ze dan de aandacht en zorg krijgen die ze in die periode nodig hebben. Dat betekent niet dat het irrelevant wordt hoe ze hun dagen doorbrengen; dat heeft evengoed sterke invloed op hun emotionele en fysiologische ontwikkeling.

Traumatiseer ik mijn kind door een avondje stappen? Moet een moeder aan de haard blijven?
Een kind moet voelen dat het bij vertrouwde, veilige mensen is die op hem of haar zullen reageren. Kinderen verschillen, en hebben bovendien andere dingen nodig op verschillende leeftijden. Belangrijk is hun capaciteit op dat moment om scheiding aan te kunnen. Je hoort van hen niet te verwachten dat ze met meer omgaan dan ze aankunnen.

Maar natuurlijk moet een moeder niet aan de haard zitten – hopelijk is ze niet de enige persoon in het leven van de baby!

Als het op zorg, troosten en liefde aankomt, is papa dan een goed alternatief voor mama? Wat met een grootmoeder? Wat met een babysitter, of een onthaalouder?
Ze zijn allemaal prima, als er maar een echte relatie is, met iemand die om het kindje geeft en op hem reageert.

Statistisch lijkt het erop dat geboorte een steeds medischer gebeuren wordt. Beïnvloedt de manier waarop je je kind krijgt de connectie tussen moeder en kind en het welbevinden van het kind?
Sommige mensen blijven zitten met negatieve gevoelens, en die kunnen inderdaad de relatie tussen moeder en kind aantasten. Het is belangrijk om dat soort gevoelens veilig te kunnen uiten en dan verder te gaan. In mijn stad is er een organisatie die 'Birth Afterthoughts' heet. Daar kunnen moeders hun geboorte-ervaringen delen met een ervaren therapeut.

Als ik je boek of hechtingstheorie vermeld in een gesprek is er altijd wel iemand die iets zegt als 'Mijn zoon was heel angstig, en ik heb hem nochtans nooit laten huilen!' of 'Mijn dochter heb ik gewoon laten uithuilen, daar is ze echt niet emotioneel door gehandicapt. Ze is het zelfzekerste meisje dat ik ken!' Klopt het dat karakter een grotere kracht is dan hoe je een baby behandelt? Is natuur sterker dan cultuur?
Mijn eigen kinderen hadden een erg verschillend temperament, dus ik ben me bewust van dat aspect. Nu houdt het natuurlijk niet op bij temperament. Die mensen hebben het misschien niet over de diepere aspecten van de psychologie. Het zelfzekere meisje kan bijvoorbeeld uitgroeien tot iemand die geleerd heeft haar gevoelens opzij te schuiven en 'de boel gewoon aan te pakken', en daarbij emotioneel ongevoelig te

worden. De angstige jongen is misschien niet genoeg aangemoedigd of ondersteund in zijn onafhankelijkheid.

Maar dat soort dingen weet je natuurlijk nooit. Natuur en cultuur interageren. Onze relaties werken in op ons genetisch potentieel, en maken ons zo tot wie we zijn. Op die manier wordt het 'zelf' gevormd. Een baby die verlaten wordt op een onbewoond eiland, zou menselijk sociaal gevoel of eigenwaarde niet kennen.

Blijkbaar wordt wie je bent gedeeltelijk gevormd door hoe je zelf werd opgevoed. Wat doe je dan als je zelf geen heel liefdevolle jeugd had? Hoe kan je beter ouderschap geven dan je zelf kreeg?
Het helpt op zich al om je ervan bewust te zijn wat je hebt beleefd, wat het met je heeft gedaan en welke invloed dat op je had. Therapie is ook heel nuttig om daarmee om te leren gaan.

Speelt borstvoeding een rol in hechting?
Daarover is wel research gedaan. Het lijkt zo te zijn dat borstvoeding niet echt *cruciaal* was voor de hechting, maar heel veel lichaamscontact en aanraking maakt wel een verschil.

Sommige mensen vinden dat als je je kinderen op de eerste plaats zet, je de andere gezinsrelatie onder druk zet: die van het ouderlijk koppel. Er zou minder ruimte zijn om man en vrouw te zijn. Zij vinden dat een baby je partner niet mag verdringen. Heeft de wetenschap daarover een opinie of een idee over hoe de stijl waarop je ouder bent je relatie beïnvloedt?
Je bent geen stel meer wanneer je een kind krijgt, maar een familie. Dat is een uitdaging voor beide ouders, en het betekent dat je een nieuwe rol opneemt: matuur genoeg worden om het nieuwe mensje dat je op de wereld hebt gezet te bescher-

men en koesteren. In het begin is het meestal erg moeilijk om tijd te vinden voor iets anders dan de baby zelf. Maar het is natuurlijk wel een goed idee om elkaar zoveel mogelijk te ondersteunen, naar elkaar te luisteren en af en toe met elkaar of alleen plezier te maken wanneer dat kan.

Het is uitvoerig bewezen dat uithuilen (mogelijk erg) schadelijk is en niet aan te raden voor baby's. Nu is in België en Nederland momenteel een methode populair die steeds een periode van uithuilen aanraadt. In België raadt een afdeling van Universiteit Gent uithuilen aan voor steeds vier minuten, dan troosten (zonder oppakken, alleen door strelen of geluidjes), dan weer huilen. In Nederland is via Ria Blom een vorm van opgebouwd huilen gecombineerd met inbakeren populair geworden.

Zijn dit acceptabele, babyvriendelijke technieken? Er is wel wat troost bij deze methodes, maar ik heb moeite met begrijpen hoe een uur huilen slecht is, maar vier keer dertig of vijf keer tien minuten wel oké. Is het liefdevoller om je baby voluit te troosten, of maak ik een logische denkfout?

Wat belang heeft bij slaaptechnieken is hoe de baby of het kind ze ervaart. Welke boodschap krijgt de baby? Uithuilen geeft de boodschap: 'je gevoelens kunnen en zullen genegeerd worden, ook al voel je je heel slecht.' Het kind leert dat zijn gevoelens niet belangrijk zijn voor anderen. Dat kan leiden tot de conclusie dat hij ze hoort te onderdrukken, niet om hulp mag vragen, dat hij hoort te proberen zichzelf te redden.

Vier minuten lang uithuilen en dan troosten zal een andere boodschap overbrengen. Waarschijnlijk ongeveer 'er wordt gereageerd op je gevoelens, maar zo min mogelijk.' De baby zal weten dat hij niet verlaten of genegeerd wordt, maar ook dat hij maar een heel klein beetje troost krijgt. De wereld zal zijn noden niet volledig invullen – bijvoorbeeld de nood om weg te knuffelen bij zijn mama. Daaruit kan hij afleiden dat hij van anderen zo min mogelijk mag verwachten op emotioneel gebied.

Er is een immens scala babymethodes en -goeroes die niet noodzakelijk gevoelig ouderschap voorstaan, en allerlei methodes en concepten hebben uitgevonden zoals een 'tevreden baby', 'goed ouderschap', 'verstandige ouder', en vooral erop prat gaan dat zij je kind gelukkig kunnen maken. Al naar gelang de goeroe is goed ouderschap een vrolijke chaos of een stevige structuur. Zijn ouderschapsstijlen belangrijk als het op hechting aankomt?
Wel, er wordt nu al decennia lang onderzoek gedaan naar hechting. Daaruit kunnen we eenduidig concluderen hoe je voor optimale emotionele ontwikkeling kan zorgen. We weten dat baby's en kinderen een 'veilige basis' nodig hebben – mensen waarop ze kunnen vertrouwen, die hen zullen aanvoelen, hun gevoelens opmerken, hen zullen helpen om met alle gevoelens om te gaan, hoe moeilijk of negatief ook, mensen die misverstanden of een stokkende dialoog zullen rechtzetten. Erop vertrouwen dat jouw bijzondere persoon (of personen) er voor je zullen zijn als je ze nodig hebt, leidt tot vertrouwen in 'jezelf zijn' en je vrij voelen om te voelen wat je voelt.

Natuurlijk is dit niet het hele verhaal over ouderschap of opgroeien. Het gaat specifiek over emotionele gezondheid en om kunnen gaan met je emoties. En daarvan is dit de basis, de essentie.

Lezen?

Veel van deze boeken geven raad die, zeg maar, niet bijzonder veel hulp biedt, ook al worden ze soms geïllustreerd met ongelofelijk grappig-onrealistische ouder-kind-dialogen die moeten tonen hoe goed ze wel werken.

Alfie Kohn

ZWANGERSCHAP EN BEVALLEN

- Naomi Wolf: *Valse verwachting*. De kijk van een sterke vrouw en feministe op zwanger zijn, baby's krijgen, moeder zijn, en hoe onze maatschappij daarmee omgaat.
- Ina May Gaskin: *Ina May's Guide to Childbirth* en *Spiritual Midwifery*. Een erg ervaren vroedvrouw vertelt over gemedicaliseerd bevallen of bevallen zonder inmenging. Boeken vol wijsheid en weetjes, fijne antistof om steviger in je schoenen te staan.
- Beatrijs Smulders: *Veilig zwanger/Veilig bevallen/Veilig door de kraamtijd*. Drie boeken die je als naslagwerk kan gebruiken. Soms wat belerend of al te stellig… maar dat lijkt eigen aan het genre.

BABY'S: VOEDING, VERZORGING, ANDER LEUKS

- Desmond Morris: *Baby*. Een werk dat in kleine hoofdstukjes allerlei biologische en culturele informatie geeft.

Fijn boekje dat tussendoor wegleest, maar je een hoop bijbrengt.

- Kate Evans: *The food of love*. Ondanks de melige titel het enige (kijk)boek over borstvoeding waarbij ik hardop moest lachen. Verbazend herkenbaar, uitstekend onderbouwd, erg leuke cartoons. Hierop kom je de borstvoeding door, maar ook als je geen borst geeft is dit een fijn boek.
- La Leche League International: *The womanly art of breastfeeding*. Een ietwat pompeuze titel kan de bijbel van borstvoeding zich wel veroorloven. Schaf dit werk aan, en je googlet nooit meer iets over borstvoeden.
- Sue Gerhardt: *Waarom liefde zo belangrijk is*. Waarom krijgen uitstekende boeken zulke maffe titels mee? Nochtans is dit dé *must-read* voor elke ouder. Een boek dat je écht je baby doet begrijpen. Heeft het over hersen- en gevoelsontwikkeling, maar weet het toch spannend en leesbaar te houden.
- Jean Liefloff: *Op zoek naar het verloren geluk*. Qua titel volgt dit boek de melige trend, qua inhoud leest het als een trein. Liedloff vertelt over haar ervaringen bij de Amazone-Indianen, en verbaast zich al schrijvend over hoeveel gelukkiger hun kinderen zijn, en hoe dat komt, en hoezeer wij van hun gebruiken én hun geluk zijn afgedreven. Soms kort door de bocht. Toch zal je merken: dit boek vol simpele waarheden verslind je.
- Tom Hodgkinson: *Luie ouders hebben gelijk*. Een verademing in het genre. Eindelijk een boek dat alle streberschap aflegt en op de praktische realiteit van ouderschap ingaat. Zoals veel non-conformisten schrijft Hodgkinson vlot, simpel en vrolijk.
- Katherine Ellison: *Moederbrein*. Je hersenen veranderen

door moederschap, maar niet om te verpieteren. Ze worden van een Golfje een Ferrari, de luxeversie van je vorige brein. Wanneer je in de put zit over je vergeetachtigheid, neem dan Ellisons verslag over de herorganisatie van je brein door – en besef dat je hersenen op dat moment razendsnel leren over dingen die er echt toe doen.

- Stefan Kleintjes: *Eten voor de kleintjes*. De kinderdiëtist achter borstvoeding.com gaat in dit boek op bijvoeding in (dat is 'vaste voeding', voor de leek). Soms een zweem wijsneuzigheid tussen alle eruditie. Wel een erg handige, goed onderbouwde gids.
- Gabrielle Palmer: *The politics of breastfeeding*. Het *No Logo* van de babywereld. Simpele waarheden op een rij werken vaak heel verhelderend, en dat geldt ook hier. Bovendien vol bijzonder interessante antropologische en geschiedkundige achtergrond, die heel begrijpelijk wordt uiteengezet.
- Alfie Kohn: *Unconditional Parenting*. Een boekje dat een nieuw licht werpt op de voorwaardelijkheid van ouderschap. Zet je aan het denken over hoe we opvoeden.
- *Mothering*: Zowat het enige babymagazine in print dat niet gesponsord wordt door poedermelkfabrikanten, en daarmee vooral het enige dat qua inhoud niet door hen wordt onder druk gezet. Geen nood: het blijft een babymagazine, vol makkelijk verteerbare softiepraat zoals je in de kraam- en babytijd graag mag lezen.

Kijken?

- Documentaire 'Le premier cri': bevallen over de hele wereld. Fascinerend, poëtisch, inspirerend en absoluut niet expliciet of sensatiebelust. Een uitstekend tegengif voor bevallingsprogramma's op tv.
- Documentaire 'Babies': vier kinderen uit vier culturen, gevolgd van geboorte tot eerste pasjes. Interessant, verrijkend, mooie beelden en muziek. Heerlijk baby's kijken.

Nummers in je achterzak

- Vind een internationaal gecertificeerd lactatiekundige in de buurt: www.borstvoeding.com -> lactatiekundige
- Vind een vroedvrouw in de buurt:
  In Vlaanderen: www.vlov.be -> ouders -> zoek een vroedvrouw in de buurt.
  In Nederland: www.knov.nl -> voor (bijna) zwangeren-> verloskundige in je omgeving zoeken.

Steun bij borstvoeding:

- La Leche League Vlaanderen www.lalecheleague.be -> Snel hulp nodig? (vrijwilligers en bijeenkomsten)
- La Leche League Nederland www.lalecheleague.nl -> contact (bezoeken, bellen, forum, mailen)
  Of bel 0111 413189 om doorverbonden te worden met een vrijwilliger
- Vereniging Borstvoeding Natuurlijk www.borstvoeding-natuurlijk.nl: bijeenkomsten voor voedende moeders, contactpersonen, forum
  Of bel 0343 576626 voor het nummer van een vrijwilliger
- VZW Borstvoeding: consulenten, babycafés in Limburg, infosessies. www.vzwborstvoeding.be

- Vereniging voor Begeleiding en Bevordering van Borstvoeding: info, consulenten, sessies. www.vbbb.be
- Borstvoedings- en mammacafés in Nederland en Vlaanderen: www.borstvoeding.com-> zoek deskundigen -> borstvoedingscafes
- Verzamelde links van betrouwbare bronnen op internet: www.borstvoeding.com -> internet -> borstvoeding op internet

Absoluut niet lezen, kijken of opzoeken

- Supernanny: niet alleen ruziestokerij tussen ouders en kinderen, je kroost pikt er volgens recente research ook bijzonder slechte manieren van op. Te verwachten: aapjes apen andere aapjes na.
- Zowat elk babymagazine: vol belerende kwek die vaak weinig meer onderbouwing heeft dan 'van horen zeggen' of 'naar mijn persoonlijke mening'. Laten je twijfelen aan je moederschap en praten je de meest nonsensicale gadgets aan, alleen goed om je nek op te breken.
- Babyboom: elk tv-programma dat ouders tijdens hun zwangerschap volgen, wordt gemonteerd met sensatiezucht en kijkcijfers in gedachten. De geboorten lijken gruwelijk, de zwangerschappen één grote lijdensweg. Vermijd ze als de pest.
- Grey's Anatomy en Private Practice: elke borstvoeding mislukt, elke bevalling brengt dood of handicap. Dokters sleuren kinderen uit baarmoeders van paniekerige vrouwen en isoleren ze meteen dagenlang in een couveuse, waarna de moeder doodbloedt. Conditioneert je op het hebben van een gruwelgeboorte, bezorgt je nachtmerries, heeft het waarheidsgehalte van een Godzilla-film.

- De *babyfluisteraar*, Gina Fords *Tevreden baby* en andere methodisten, babytemmers, of mensen die je vertellen dat ze alles kunnen oplossen: hebben het heel stellig over een methode die op zijn best meer moeite is dan de dingen hun gang laten gaan, en op zijn slechtst werkelijk schadelijk voor jou en je kind. Negeren die handel.
- Zowat elk babyboek dat zich als (grote) autoriteit opwerpt of stellig regels debiteert, mag je wantrouwen. Meestal zijn hun theorieën gewoon hun ideetjes; een werkelijk kind en echte ouder zijn er alleen mee gepest.

Met een korrel zout te nemen

De persoonlijke of officiële meningen van je consulente van Kind & Gezin, verplegers m/v, dokter, tante, schoonvader, bloedeigen moeder (sorry mama), en elke andere raadgever.

En natuurlijk ook dit boek. Elke baby is uniek, elke ouder is uniek. Zoals in elke relatie, ontwikkel je in respect en met zorg samen een dialoog en een manier van samenleven. Die dialoog groeit uit tot een liefdevolle relatie. Als jij en je kind ruimte nemen om elkaar te leren kennen, zal die band altijd anders ontwikkelen dan in welk boek of welke regel dan ook. Ik wens je veel succes, wat moed, en vooral veel plezier en genieten met elkaar.